宁夏奶业发展历程

◎ 陈 亮　田 佳　主编

中国农业科学技术出版社

图书在版编目(CIP)数据

宁夏奶业发展历程 / 陈亮，田佳主编 . --北京：中国农业科学技术出版社，2025.1. -- ISBN 978-7-5116-7226-1

Ⅰ . F426.82

中国国家版本馆 CIP 数据核字第 20249AZ353 号

责任编辑　陶　莲
责任校对　王　彦
责任印制　姜义伟　王思文

出 版 者	中国农业科学技术出版社
	北京市中关村南大街 12 号　邮编：100081
电　　话	(010) 82109705（编辑室）　(010) 82106624（发行部）
	(010) 82109709（读者服务部）
网　　址	https://castp.caas.cn
经 销 者	各地新华书店
印 刷 者	北京建宏印刷有限公司
开　　本	170 mm×240 mm　1/16
印　　张	11.5
字　　数	200 千字
版　　次	2025 年 1 月第 1 版　2025 年 1 月第 1 次印刷
定　　价	80.00 元

◆━━ 版权所有・翻印必究 ━━◆

《宁夏奶业发展历程》
编委会

主 编：陈 亮　田 佳

副主编：脱征军　张 宇　刘建岐

编 委：厉 龙　邵怀峰　高 兴
　　　　侯丽娥　张艳梅　周佳敏
　　　　朱熙春　邹少东　张园园

前　言

据《史记·匈奴列传》记载，古代匈奴族"人食畜肉，饮其汁"，所谓"汁"，就是牛和马的乳汁。"牛乳"二字最早见于《神农本草经》，我国人民自古就有养牛挤奶、喝奶的习惯。2018年，《国务院办公厅关于推进奶业振兴保障乳品质量安全的意见》提出推进奶业振兴，保障乳品质量安全，提振广大群众对国产乳制品信心，进一步提升奶业竞争力。近几年，国务院办公厅、农业农村部等国家和部委层面围绕国家战略"奶业振兴"先后出台一系列指导意见和行动方案，确定了全国奶源自给率达到70%的保障目标。

世界上最好的牧场都集中于南北纬40°左右的温带草原，四季的温湿度、土壤成分、水源与降雨条件等因素决定了牧草和奶牛的生产环境，也成了鲜奶品质的决定性因素。宁夏地处北纬38°上下，平均海拔1 100米，年平均日照3 000小时以上、降水量300毫米左右、气温8.5℃，日照充足、气候干爽、空气纯净，冬少严寒，夏少酷暑，奶牛受冷、热应激影响较小，位于国际公认的"黄金奶源带"，已成为全国奶业优势产区和重要的优质高端乳制品生产基地，被农业农村部誉为全国奶业优质安全发展的一面旗帜。

宁夏奶业经历了风风雨雨，如今已进入了高质量发展的阶段，2023年全区奶牛存栏91.96万头，生鲜乳产量430.63万吨，奶牛规模化率99%以上，成母牛年单产达到9.7吨，逐步接近奶业发达国家水平。为更好了解和掌握宁夏奶业的历史，本书梳理了1958—2023年宁夏奶产业发展的主要历史脉络，又从奶牛育种繁殖、奶牛饲草料、奶牛疫病防治、乳制品加工与流通、乳品消费和产业管理与服务六个方面，概述了宁夏奶产业的发展历程，列举了历年宁夏奶业发展的大事记，旨在向读者呈现一个系统全面的宁夏奶业和技术发展历程。

本书在撰写过程中，得到了区内很多专家的支持，并提供了珍贵的历史资料，在此我们谨向这些专家致以衷心的感谢！

由于部分历史资料不完整、不全面，主要内容涉及面广，编写时间仓促，疏漏错误之处，敬请读者谅解！

编 者

2024年11月

目　录

第一章　宁夏奶业发展的历史脉络 ·············· 1
　第一节　起步爬坡阶段（1958—2000 年）·········· 3
　第二节　稳步发展阶段（2001—2005 年）·········· 8
　第三节　快速发展阶段（2006—2010 年）·········· 11
　第四节　转型升级阶段（2011—2015 年）·········· 13
　第五节　现代化发展阶段（2016—2019 年）········· 14
　第六节　高质量发展阶段（2020—2023 年）········· 17

第二章　奶牛育种繁殖 ··················· 19
　第一节　奶牛品种 ···················· 21
　第二节　遗传改良 ···················· 23
　第三节　繁殖技术应用 ·················· 32
　第四节　繁殖管理 ···················· 38

第三章　奶牛饲草料 ···················· 41
　第一节　饲草资源 ···················· 43
　第二节　饲草种类 ···················· 43
　第三节　饲料 ······················ 56

第四章　奶牛疫病防治 ……………………………………… 69
第一节　奶牛疫病的种类及防治 ………………………… 71
第二节　奶牛保健与疾病综合防治法制化时期 ………… 90

第五章　乳制品加工与流通 ……………………………… 93
第一节　乳制品加工企业 ………………………………… 95
第二节　主要的产品品牌 ………………………………… 103

第六章　乳品消费 ………………………………………… 105
第一节　乳品专供（凭票）时期 ………………………… 107
第二节　乳品普惠时期 …………………………………… 107

第七章　产业管理与服务 ………………………………… 111
第一节　管理与服务组织 ………………………………… 113
第二节　法制化管理 ……………………………………… 120

奶业发展大事记 …………………………………………… 125

参考文献 …………………………………………………… 174

第一章

宁夏奶业发展的历史脉络

纵观宁夏奶产业60多年发展历程，经历了从贫瘠短缺到充裕供给、从曲折前行到高质量发展、从传统生产到现代化生产的转变，先后经历了起步爬坡、稳步发展、快速发展、转型升级、现代化发展、高质量发展6个典型发展阶段。

第一节 起步爬坡阶段（1958—2000年）

此阶段经历了近半个世纪的时间，又可分为两个主要时期。

一、初级发展时期（1958—1995年）

（一）保障鲜奶供应的奶业初级发展阶段（1958—1988年）

1958年，宁夏回族自治区人民政府成立时，全区共有7个奶牛场，饲养黑白花奶牛及杂种黄牛共524头，其中黄牛占70%以上，每头牛年均单产1 200千克。1962年，宁夏农垦集团成立平吉堡奶牛场，是宁夏第一个专业化奶牛场，为解决城市鲜奶供应紧张的问题，先后从北京、陕西、甘肃、新疆、河北等省、自治区、直辖市和哈尔滨农学院调入了黑白花、奥斯突夫利兹牛（苏联黑白花）、三河牛、滨州奶牛和少量兼用型短角牛共620头，一定程度上缓解了鲜奶供应紧张的问题。20世纪60年代末期，为了提高牛奶质量和产量，各地自发淘汰了滨州、短角和奥斯突夫利兹牛公牛及杂色低代杂种母牛。经过选优淘劣，留群的奶牛基本为黑白花奶牛。1973年，中国北方地区黑白花奶牛育种科研协作组开始有组织地对黑白花奶牛进行培育，1979年开始了冷冻精液的配种改良，并以自繁自育为基础，通过精心选育，牛群质量得到了很快的提高。20世纪80年代初，随着农村生产责任制的实行和家畜分户饲养，广大农民饲养奶牛的积极性空前高涨。为了保证奶牛质量，防止疫病带入，1983—1988年，宁夏回族自治区畜牧局多次有计划地从新疆、黑龙江、浙江等地调入黑白花奶牛344头分配给各市县，以贴息贷款方式扶持奶牛专业养殖户，1983年奶牛存栏突破3 000头，成年母牛单产4 000千克，个体奶牛养殖户305户，饲养奶牛777头。为提高牛群质量和牛奶品质，1984年宁夏畜牧局从丹麦进口怀孕黑白花青年母牛25头，集中饲养在自治区家畜改良站。1984年，为了发展奶牛养殖，财政部门共贴息贷款151.4万元，以平吉堡奶牛场和吴忠奶牛场为中心的银川、吴忠两个奶牛商品生产基地逐渐形成。1985年，自治区又从丹麦进口黑白花青年母牛101头，分配给银川、青铜峡、吴忠、盐池、固原、彭阳等县市和家畜改良站及农科院等单位，并从犊牛中选育2头公牛生产冻精，用于改良全自治区奶牛，为提高牛群质量起到了很大作用。到1988年奶牛存栏1.48万头，鲜奶产量3.04万吨，人均鲜奶占有量6.7千克，生产各种奶粉2 955.3吨，城镇居民鲜奶敞开供应。

(二) 以乳品企业带动，使奶业发展成为农村区域经济的主导产业阶段 (1989—1995 年)

随着奶牛养殖业的发展，奶牛养殖出现了机械化生产，乡镇乳品加工企业异军突起。1989—1990 年相继在银川市、灵武县、平吉堡安装了 3 台鱼骨式挤奶台和手推式挤奶车，并改变以往棚圈对尾式拴系饲养为场棚对头式颈夹饲养，初步改变了落后的挤奶方式，为奶牛养殖实现机械化起到了示范作用。20 世纪 90 年代初，乳品加工业兴旺发达，全区先后建成乳品加工厂 20 余座，仅吴忠市就有以乡镇企业为主的乳品加工企业 12 家，日处理鲜奶能力达到 800 吨，加工的主要产品奶粉畅销全国十几个省（区）。随着乳品加工业的发展，商品粮价格的放开，生鲜乳收购价于 1990 年 9 月 20 日进行了相应的调整（0.71 元/千克调节至 0.80 元/千克），自 1991 年奶牛养殖业开始向规模经营方向发展，涌现出了奶牛存栏 50 头左右的奶牛养殖大户，奶牛养殖业逐渐成为农村区域经济的支柱产业和主导产业，奶牛养殖向规模化、规范化方向发展。

二、解放发展时期（1996—2000 年）

自治区认真贯彻落实党的十五届三中全会和自治区党委八届三次全体会议精神，进一步解放思想，更新观念，提高认识，把发展畜牧业放在了农业和农村工作的突出位置。自治区党委和政府召开加快畜牧业发展会议，把研究、解决畜牧业发展的问题提到各级党委政府工作的议事日程，相继出台了诸多优惠政策，在土地利用总体规划和年度计划中，优先安排奶牛养殖户的用地，奶牛养殖数量和牛奶产量快速提高。1997年，宁夏夏进乳业集团股份有限公司（以下简称夏进乳业）成为国内第一家从瑞典利乐公司（TetraPak）引进利乐无菌灌装生产线的企业，该设备主要生产利乐砖无菌包装系列产品，产品符合市场和消费者需求，一上市就获得行业认可，企业品牌和知名度进一步提高。企业通过技改、扩容增能、丰富产品种类、挖掘利润增长点等措施开辟发展新路子。1998—2000年，企业开始一期技改，年设计产能3万吨。2000年，农村个体奶牛养殖逐渐成为宁夏奶牛业的主体，存栏10头以上715户，50头以上57户，其中宁夏农垦牧业有限责任公司奶牛场存栏达680头，居全区首位。与此同时，奶牛养殖小区和奶源基地建设开始起步，饲养管理水平有了一定的提高，奶牛良种繁育体系和社会化服务体系初步形成，人工授精技术得到全面普及，配合饲料、青贮饲料得到一定程度的应用。2000年末，全区奶牛存栏7.83万头，居全国第13位，鲜奶总产量22.3万吨，居全国第10位，人均鲜奶占有量40.8千克，是全国人均占有量的5.1倍，居全国第三位。成年母牛年平均单产4 900千克，高于全国平均水平。全区生鲜乳产值达4亿元，占畜牧业产值的16.7%。

规模经营孕育了畜牧业产业化，促进了一乡一业、一村一品或多村一品的畜牧业区域经济的形成与发展，带动了畜产品加工业的兴起和畜产品市场体系的发育。奶牛养殖业的发展带动了乳品加工业的迅速发展,2000年全区共有乳品加工企业29家,其中利通区14家,银川市7家,灵武市2家,中宁、中卫、青铜峡、平罗、惠农和盐池各1家,日处理鲜奶能力达990吨。同时涌现出夏进乳品饮料有限公司和银川乳品饮料总公司这两个规模较大、起点较高、辐射面较广、带动力较强的龙头企业,年加工能力达到6万吨,设备水平和产品质量都达到了国内一流,"夏进"牌液体奶和"北塔"牌奶粉已在国内占领了一定的市场,具有较强的竞争能力。宁夏夏进乳品饮料有限公司被农业农村部等七部委列为百家农业产业化国家重点龙头企业和中国学生奶定点企业。自治区农行出台了《关于支持引黄灌区发展适度规模养殖业的指导意见》,支持银川乳品饮料总公司、宁夏夏进乳品饮料有限公司等4个龙头企业,先后共为其产业化经营等争取投资和贷款5 700多万元,为规模养殖与企业经营注入了新的活力,宁夏奶产业生产、加工、销售一体化,产业化发展格局初具雏形(表1-1)。

表1-1 宁夏奶业数据统计

年度	奶牛存栏/万头	牛奶产量/万吨	平均单产/千克
1996	6.7	18.4	2 747.10
1997	7.3	20.1	2 766.51
1998	5.7	16.9	2 972.05
1999	6.6	20.5	2 990.78
2000	7.8	23.6	2 996.09

第二节 稳步发展阶段 (2001—2005年)

宁夏奶业的生产规模、单产水平和产品质量不断提高,奶业发展步入持续快速发展的轨道,成为农业和农村经济发展的新兴产业和战略产业。2000年,宁夏以推进西部大开发为契机、以增加农民收入为主导,通过大力实施农业产业化"三个十工程",加快畜牧业基地和科技示范园区建设,充分发挥市场以及龙头企业带动作用,畜牧业经济取得了持续稳定发展。畜牧业产值达到25.7亿元,占农业总产值的33.2%,农民人均牧业收入达到581.4元,增长15.1%,占农村家庭经营性收入的25%左右,畜牧业在大农业中已是"三分天下有其一"。

2001年自治区继续实施农业产业化"三个十工程",即十大科技示范园区、十大优质农产品基地、十大龙头企业,农业结构调整的步伐明显加快,畜牧业结构进一步优化。自治区党委、政府在全区农村工作会议上,明确提出要大力发展畜牧业要突出发展羊和牛,大力发展牛羊加工业和乳制品加工业。特别提出要加快建设银川、吴忠"奶牛带"。奶产业也步入了快速发展的快车道。2001年末,全区奶牛存栏7.6万头,牛奶产量27.6万吨。

2002年是全面推进农业和农村经济结构战略性调整的重要一年,为了实现畜牧业的持续稳定发展,尽快做大做强奶产业，使之成为强区富民的支柱产业，自治区实施了《宁夏奶牛品种改良》项目，同年启动了《宁夏奶产业发展行动计划》中提出调整优化畜牧业产业结构，加强发展奶产业的要求，把奶产业放在优先发展的地位。为了把各项工作落到实处，自治区农业产业化办公室、财政厅和农牧厅先后在全区范围内开展实施了农业产业化"三个十工程""畜禽种子工程"和"工厂化秸秆养畜工程"3个项目，从政策、资金和人员等方面给予大力支持，为今后奶产业示范基地的发展打下了良好的基础。2002年末，全区奶牛存栏10.2万头，牛奶产量30.8万吨。

2003年，自治区编印了《宁夏奶牛优势区域规划》《草产业发展规划》及《宁夏畜禽种质资源保护规划和宁夏秸秆养畜发展规划》等规划，为进一步加强宏观调控，实行优化区域布局，规模化生产、标准化建设、产业化经营奠定基础。2003年末，全区奶牛存栏13万头，牛奶产量38.7万吨；自治区党委、政府召开畜牧水产工作会议，提出要突出发展畜牧业，使之成为农村经济最具活力的支柱产业，并出台了《加快发展现代畜牧业的意见》。自治区将奶产业列入优先发展的优势产业，从良种引进、园区建设、龙头企业、技术培训等方面加大了扶持力度，奶产业继续成为农村经济的热点产业。

2004年以来，宁夏回族自治区农业农村厅、自治区市场监督管理厅联合制定了《宁夏回族自治区生鲜牛奶收购质量监督管理办法》，对原料奶的生产、加工、运输和销售各环节监管做了明确规定，各地相应成立了联合执法大队，科学设置原料奶收购市场准入条件，严厉打击无证经营、掺杂使假、恶意竞争等不法行为。2004年，奶牛存栏达到18.61万头，同比增长43.6%；奶产量46.9万吨。2005年以来，宁夏启动实施了"奶牛出户入园工程"，示范和带动了分散户养向集中规模化养殖模式的转变。形成了以个体奶牛养殖户为主体，国有奶牛场、民营规模奶牛场及个体奶牛养殖户共同发展的格局，带动了全区奶牛业向规模养殖发展，全区奶牛存栏100头以上的奶牛场已达50多个，最大的奶牛场存栏达到800多头。通过奶牛出户入园工程的实施，不仅显著改善了奶牛饲养管理水平，而且提高了牛奶产量和质量，保证了奶农收益，也适应了加工企业对优质奶源的需求，为产业化示范基地的建设奠定了基础。

2005年末，全区奶牛存栏23.4万头，居全国第11位，鲜奶总产量57.9万吨，居全国第13位，人均鲜奶占有量97.36千克，居全国第3位。成母牛年平均单产5 700千克，高于全国平均水平。全区共有乳品加工企业28个，日处理鲜奶能力达到2 850吨。宁夏新华百货夏进乳业股份有限公司、银川市维维北塔乳业股份有限公司这两个国家级农业产业化企业的龙头地位和作用日益突出，品牌知名度、市场竞争力和占有率逐年提高，日加工鲜奶数量已占宁夏总产量的40%以上，龙头企业稳步发展，带动作用越来越明显（表1-2）。

表1-2 宁夏奶业数据统计

年度	奶牛存栏/万头	牛奶产量/万吨	平均单产/千克
2001	7.6	27.6	3 176
2002	10.2	30.8	5 200
2003	13.0	38.7	5 443
2004	18.6	46.9	5 563
2005	23.4	57.9	5 700

第三节 快速发展阶段（2006—2010年）

宁夏奶业在自治区党委、政府的高度重视和支持下，坚持区域化布局、规模化生产、产业化经营的发展思路，通过加快奶牛品种改良、推进规模化及标准化养殖、优化饲草料供给、扶持乳品加工龙头企业发展、加快科技成果转化等一系列措施，奶业生产方式、组织形式和产品结构发生了新的变化，奶牛养殖规模、鲜奶总产量、单产水平、产品质量不断提高，成为农业和农村经济发展新的增长点。

2006年以来，自治区先后制定了《宁夏奶业提质增效行动计划》（2007—2010）、《宁夏奶产业发展规划》（2008—2012）、《宁夏奶业管理办法》（2008年1月1日实施）、《宁夏农业特色优势产业发展规划（2008—2012）》（宁政办发〔2008〕204号）、《宁夏回族自治区奶产业发展条例》《宁夏奶站发展规划》（2008—2012）等一系列发展奶业相关规划及管理办法，明确了全区奶产业发展目标、主攻方向、主要建设项目及措施,进一步加强生鲜乳质量安全监管,为宁夏原料奶收购市场的规范创造了良好的法治环境;对奶牛养殖、品种改良和疫病防控进行了明确的规范,对鲜奶生产、加工、储运和销售各环节实行全程管理,加大对乳品加工企业、奶农合作社、养殖基地和奶站建设等方面的扶持力度,促进了宁夏奶产业的快速发展。2006 年,全区奶牛存栏 26 万头,牛奶产量 63.7 万吨;2007 年,全区奶牛存栏 26.1 万头,牛奶产量 80.9 万吨;2008 年,全区奶牛存栏 27.1 万头,牛奶产量 93.1 万吨。

2009 年,自治区人民政府印发了《关于促进奶业持续健康发展的通知》,采取 12 项措施,全面推进全区奶业持续健康发展,在自治区党委、政府的高度重视和大力支持下,按照区域化布局、规模化养殖、产业化经营的发展思路,通过加快奶牛品种改良,推进规模化及标准化养殖,优化饲草料供给,规范原奶收购,扶持乳品加工龙头企业发展等一系列措施,奶产业发展已进入加快转型期,标准化规模养殖加快推进,科技支撑体系日趋完善,社会化服务能力不断增强,产业发展保持良好的发展势头。奶产业已成为宁夏农村经济发展的支柱产业和农民增收的重要途径。2009 年,全区奶牛存栏 27.2 万头,牛奶产量 84.7 万吨。

2010 年,全区奶牛存栏 26.9 万头,居全国第 13 位,鲜奶总产量 88.3 万吨,居全国第 9 位,人均鲜奶占有量 134.4 千克,居全国第 2 位。成母牛年平均单产 6 400 千克,居全国第 4 位。全区共有乳品加工企业 20 个,日处理鲜奶能力达到3 595吨。奶牛养殖小区和标准化规模养殖场383个，奶牛存栏16万头，机械化挤奶达到95%。形成了以银川、吴忠两市为核心区的奶牛产业带。全区奶业优势产区初步形成，奶牛养殖集约化、规模化水平不断提高（表1-3）。

表1-3 宁夏奶业数据统计

年度	奶牛存栏/万头	牛奶产量/万吨	平均单产/千克
2006	26.0	63.7	5 945
2007	26.1	80.9	6 053
2008	27.1	93.1	6 100
2009	27.2	84.7	6 150
2010	26.9	88.3	6 400

第四节 转型升级阶段（2011—2015年）

宁夏奶牛养殖以扩量、提质、增效为重点，加快推进产业转型升级，奶牛综合生产能力大幅提高，产业布局进一步优化，规模养殖快速发展，良种繁育体系不断健全。自治区相继制定了《宁夏回族自治区加快推进奶产业发展实施方案》《宁夏回族自治区关于进一步加强乳品质量安全工作的实施意见》（宁政办发〔2011〕17号）、《关于对标准化奶牛养殖场（小区）建设实施"以奖代补"财政政策的通知》文件，提出"十二五"宁夏奶产业发展思路和目标，以提高奶牛生产性能和标准化、规模化养殖水平，促进新技术推广为重点，全面推进全区奶业持续健康发展；开始实施中央财政现代农业生产项目,采取"先建后补、以奖代补"的方式,进一步推动宁夏奶牛饲养方式转变,提高奶牛标准化、规模化养殖水平,全力保障生鲜乳与乳制品质量安全。有关市、县(区)通过招商引资,成功引进伊利、蒙牛、重庆天友、中地种畜等一大批国内知名龙头企业投资建设规模化牧场,蒙牛、伊利、夏进等加工企业通过借款、担保贷款等形式支持奶源基地建设,着力在银川市、吴忠市打造奶牛优势产业带,奶牛规模养殖比例达到84%。2015年,全区奶牛存栏35.4万头,居全国第9位,鲜奶总产量142.5万吨,居全国第9位,人均鲜奶占有量204.4千克,居全国第2位。全区共有乳品加工企业20个,其中,日加工处理鲜奶能力200吨以上的企业8家,年加工能力195万吨(表1-4)。

表1-4 宁夏奶业数据统计

年度	奶牛存栏/万头	牛奶产量/万吨	平均单产/千克
2011	29.8	100.2	6 515
2012	32.9	108.0	6 700
2013	34.1	108.8	6 800
2014	37.4	141.7	6 900
2015	35.4	142.5	7 200

第五节 现代化发展阶段 (2016—2019年)

自治区出台了《关于加快农业现代化实现全面小康目标

的意见》和《关于创新财政支农方式加快发展农业特色优势产业的意见》。两个意见指出,在农业产业发展上,围绕实现农业现代化总目标,奶业已成为宁夏推进农业现代化建设和促进农民增收的战略性主导产业,全面推进优势基地、优质奶牛、优质牛奶、优质牧草和优质乳制品"五优"基地建设,并启动实施宁夏草畜产业项目,在贺兰县、利通区开展奶牛养殖大县种养结合整县推进试点,建设奶牛配套饲草料基地,提高标准化、规模化养殖水平和养殖场粪污处理利用率;在规模化奶牛养殖场全面推广奶牛生产性能(DHI)测定、奶牛生产信息智能化管理、全混合日粮(TMR)饲养、牛群保健、奶牛场粪污无害化处理与资源化利用、生鲜乳质量安全控制等技术,进一步优化牛群结构,快速提高牛群生产性能,推进自治区奶牛养殖奶业向现代化方向发展。特别是 2017 年以来,依托"畜牧养殖大县种养结合整县推进""畜禽粪污资源化利用"等项目的实施,在全区大面积示范推广了奶牛场粪便资源化利用技术,推广粪污全量收集生态还田利用、固体粪便堆肥发酵利用、沼气能源利用等模式形成了"规模养殖场+粪污收集处理中心+有机肥加工点"粪污处理利用网络,建成了一批高标准奶牛粪污资源化利用养殖基地,完成了奶牛规模养殖场粪污处理设施建设和升级改造,形成了一批畜禽粪污资源化利用典型,如:宁夏农垦贺兰山奶业公司平吉堡三分场利用粪污厌氧发酵处理模式,建设沼气站、有机肥生产车间等粪污经干湿分离处理后用于制作有机肥及沼气生产;宁夏天宁牧业发展有限公司利用污水清洁回用、粪便垫料利用模式，与中国社会科学院合作，采用独特的微生物发酵专有技术，每年将污水、废水、牛尿液调制成 30 万吨左右有机肥水，配套建设宁夏益回循环农业有限公司，将牛粪堆积发酵，喷入发酵菌将牛粪除臭、年生产 3 万吨左右固态有机肥，无害化处理工艺及综合利用有效解决了牧场生产过程中每天产生的 1 000 吨左右的液态粪水以及 100 吨/天左右的固态牛粪。2019 年，全区奶牛存栏 43.7 万头，居全国第 8 位，牛奶产量 183.4 万吨，居全国第 7 位，人均鲜奶占有量 265.3 千克，居全国第 1 位，成母牛年平均单产 8 500 千克，居全国第 3 位。生鲜乳乳脂率达 3.7% 以上，乳蛋白率达 3.2% 以上，体细胞数低于 29 万个/毫升，违禁添加物抽检合格率连续保持 100%，主要指标优于国内平均水平，达到欧盟标准，成为全国重要的优质高端乳制品原料生产基地。全区共有乳品加工企业 19 个，年收购生鲜乳 183.4 万吨，乳制品总产量 132.6 万吨（表 1-5）。

表 1-5 宁夏奶业数据统计

年度	奶牛存栏/万头	牛奶产量/万吨	平均单产/千克
2016	39.8	145.6	7 400
2017	40.8	160.1	7 500
2018	40.1	168.0	8 000
2019	43.7	183.4	8 500

第六节　高质量发展阶段
（2020—2023年）

自治区党委十二届十一次全会上提出要"集中力量把奶产业打造成千亿级产业"，打造"高端奶之乡"。2020年8月，自治区确定奶产业为九大重点产业之一，并印发了《自治区九大重点产业高质量发展实施方案》，明确把奶产业作为推动宁夏现代农业高质量发展的战略性支柱产业，从壮大主体、保障品质、提升效益着手，全力推动奶产业向高端化、绿色化、智能化、融合化方向发展。2022年6月，自治区第十三次党代会将牛奶产业列为"六特"产业之一，全区各地各部门以黄河流域生态保护和高质量发展先行区建设为统领，以乡村全面振兴样板区和国家农业绿色发展先行区建设为抓手，以打造"高端奶之乡"为目标，持续深化供给侧结构性改革，提升全产业链竞争力。在自治区党委和政府的高位推动下，立足资源禀赋和产业基础，优化牛奶产业布局，持续巩固提升以银川市、吴忠市为核心，石嘴山市、中卫市为两翼的"双核两翼"牛奶产业带，产业带奶牛存栏数和牛奶产量均占全区总数的99%。以兴庆区、灵武市、利通区、平罗县等县（区）为重点，建成月牙湖、白土岗、五里坡、孙家滩、牛首山、红崖子、太阳梁、迎水桥8个2万头以上高标准奶牛养殖基地。宁夏奶产业迎来历史上发展速度最快的时期，生鲜乳质量、生产效益和安全性得到快速巩固和提升，国内"高端奶之乡"的地位正在加速形成。2023 年，全区奶牛存栏 92 万头，同比增长 9.9%，增速连续 4 年居全国第一位；生鲜乳产量 430.6 万吨，同比增长 25.7%，居全国第三位；人均生鲜乳占有量 590 千克以上，居全国第一位；全产业链产值 802 亿元，同比增长 13.9%（表 1-6）。

表 1-6 宁夏奶业数据统计

年度	奶牛存栏/万头	牛奶产量/万吨	平均单产/千克
2020	57.4	215.3	9 000
2021	70.2	280.5	9 200
2022	83.7	342.5	9 400
2023	92.0	430.6	9 700

第二章

奶牛育种繁殖

第二篇

興中會革命運動

第一节　奶牛品种

荷斯坦牛，原产于德国西北部和荷兰北部接壤处世界大型乳用牛，毛色以黑白花为主，间或有红白花或黄白花。该品种被各国引进并形成了以各国命名的荷斯坦牛，如美国荷斯坦、德国荷斯坦等。目前是世界分布最广的奶牛品种。中国自19世纪中叶开始引进荷斯坦奶牛，通过长期杂交选育，1972年形成了中国黑白花奶牛，为了与国际奶业接轨，1998年中国奶业协会将中国黑白花奶牛更名为中国荷斯坦。

20世纪80年代末至90年代初期，中国先后从丹麦、德国、美国等国引入荷斯坦种公牛，对中国荷斯坦牛群进行冷配改良。2003年由宁夏家畜繁育中心引进美国荷斯坦活体种公牛22头、母牛35头。该批种公牛以种公牛站641（如64103015）打头编号的序列号，年生产优质冻精50万支以上，销售到宁夏乃至周边省区进行奶牛群改良。同时，应银川市兴庆区和金凤区奶产业发展需求，宁夏奶业协会组织从澳大利亚引进澳大利亚荷斯坦青年母牛，2003年首批50头进口牛运抵宁夏上陵牧业股份有限公司信旺奶牛场，2004年2月初，2 103头澳大利亚荷斯坦青年牛安全运抵宁夏银川市金凤区、兴庆区等地。2004年以来，据不完全统计，宁夏从澳大利亚、新西兰、秘鲁等国引进荷斯坦青年母牛15万余头（表2-1）。据奶牛DHI测定中心测定数据显示，2008年宁夏上陵牧业股份有限公司、宁夏金茹宜农牧有限公司澳大利亚荷斯坦牛群平均日产奶量分别达 23 千克和 29.6 千克，305 天产奶量达 6.3 吨和 9.2 吨。

表 2-1　2004—2020 年宁夏引进荷斯坦牛明细表

单位：头

市	县（区）	引进地	数量	引进时间
银川市	兴庆区	澳大利亚、新西兰	3 000	2004—2017 年
	金凤区	乌拉圭、澳大利亚	3 200	2003—2004 年
	西夏区	澳大利亚、新西兰	1 779	2004—2015 年
	永宁县	新西兰、澳大利亚	2 530	2013—2020 年
	贺兰县	新西兰、美国、澳大利亚	10 947	2003—2020 年
	灵武市	新西兰、澳大利亚	11 719	2017—2020 年
吴忠市	青铜峡市	新西兰、澳大利亚	7 818	2013—2020 年
	利通区	新西兰、澳大利亚	12 200	2013—2020 年
	孙家滩	新西兰、澳大利亚	13 200	2013—2020 年
	盐池县	澳大利亚	2 926	2015—2019 年
中卫市	沙坡头区	乌拉圭、新西兰、美国、澳大利亚	23 700	2012—2019 年
	中宁县	新西兰、澳大利亚	8 020	2005—2019 年
	海原县	澳大利亚	3 657	2019—2020 年
石嘴山市	惠农区	澳大利亚、新西兰、智利	2 914	2012—2020 年
	平罗县	澳大利亚、新西兰、智利	5 121	2004—2020 年
	农垦系统	乌拉圭、新西兰、澳大利亚	35 162	2012—2020 年
	合计		144 693	

引进的澳大利亚荷斯坦母牛，应用美加系荷斯坦优秀种公牛冻精冷配改良，2019 年牛群繁育后代年均单产基本在 10 吨以上，贺兰中地生态牧场有限公司奶牛场年均单产达到 12 吨以上。

第二节 遗传改良

为加快推进宁夏奶牛品种改良工作，1976年在贺兰县建立了宁夏种公牛站，1982年引进丹麦荷斯坦母牛并繁育种公牛，成立宁夏家畜改良站，生产颗粒冻精；宁夏畜牧工作站组织在全区初步建立了"种公牛站+区、市、县、乡"四级良种繁育体系，推广奶牛群体遗传改良技术。20世纪90年代中后期，宁夏通过北京、上海、西安、广州等地种公牛站引进德系、美系和加系荷斯坦种公牛冻精用于改良宁夏奶牛群。1998年，在宁夏家畜改良站的基础上成立了宁夏家畜繁育中心、宁夏牛胚胎生物工程中心，并于2003年引进美国荷斯坦活体种公牛22头，生产优质细管冻精进行奶牛群改良。

1996—2000年，奶牛品种改良工作基本由奶牛养殖场（户）自发从北京、上海、西安、黑龙江及宁夏改良站等种公牛站引进美加系、德系荷斯坦种公牛冻精进行冷配改良。1996年，由"牛冷冻精液配种改良技术推广"项目，获自治区科技进步奖二等奖，为促进全区牛群改良起到了积极的作用。

2000—2001年，依托相关奶业扶持政策，自治区有计划地组织开展了奶牛群遗传改良。在吴忠市利通区、银川郊区、永宁县和贺兰县实施了农业农村部"奶牛高产综合技术推广"项目，新建冷配改良点8个，引进国内优秀荷斯坦冻精39 983支，冷配改良母牛26 497头，完成1.07万头奶牛建档立卡工作，应用加拿大九分制体型鉴定方法鉴定奶牛3 850头，选育高产基础核心母牛2 249头，高产种子母牛816头，改良效果显著。到2001年底，项目区成年母牛年均单产5 412.5千克，比1999年成年母牛单产（4 790千克）提高622.5千克，增长13%。项目实施期间，共测产奶牛3 883头，测定结果：平均胎次2.98胎，平均泌乳天数335.6天，乳脂率3.35%。该项目获2002年全国农牧渔业计划丰收奖二等奖。

2002年以来，宁夏实施了"宁夏奶牛品种改良"项目，2006年又在吴忠市等8个县区启动实施了国家"奶牛良种补贴"项目，2002—2015年采取财政补贴方式，累计投资6 958.1万元，统一筛选引进国内外优质荷斯坦牛冻精440.34万支，补贴发放到全区各规模奶牛场（园区）、冷配站（点），累计改良奶牛238.92万头。

2002—2004年，宁夏畜牧工作站组织实施了自治区8613农业科技工程重点项目"奶牛高产技术示范推广"项目，在吴忠市利通区金银滩镇和银川市兴庆区掌政乡，对11个示范场（园区）的1~4胎2 571头泌乳牛进行了体型线性鉴定，并分别制定了选种选配方案。根据奶牛生产性能测定（DHI）结果（针对需要重点改良的性状——乳房结构和尻部），本着保留优点、改进缺陷的原则，引进国内外优质冻精2万支（其中加拿大冻精1 000支），选配改良示范牛场

（园区）母牛8 600头，繁育高产奶牛后代3 452头。改良后代生长发育良好、体型外貌改良效果显著。据初步测产和推测，头胎母牛年均单产将超过7 200千克。

据统计，截至2016年底，参加奶牛生产性能测定场牛群305天产奶量9 543.75千克、日平均产奶量31.45千克。305天产奶超过10吨的奶牛场有13个，9~10吨的奶牛场16个，参测牛场牛群平均乳脂率3.79%，平均乳蛋白率3.3%，体细胞数28.87万/毫升，长期低于20万/毫升的牛场8个，体细胞数20万~30万/毫升的牛场22个，生鲜乳质量显著提高，达到国内先进水平。通过项目的实施，创新了奶牛群体改良模式，在国内率先以省为单位全面开展了奶牛改良和良种补贴，探索、建立了农户养殖条件下开展选种选配、提高奶牛群体生产水平的有效途径。该模式已得到农业农村部认可，一些主要做法已在全国奶牛良种补贴项目实施中推广应用。同时，配套推广应用了一批先进实用的饲养管理技术，促进了奶牛群饲养进一步规范化、科学化、标准化，示范带动了全区奶牛整体生产水平的提高，实现了优质、高产的目标。在已建成的规模化奶牛养殖场全面推广DHI测定、奶牛生产信息智能化管理、TMR饲养、牛群保健、奶牛场粪污无害化处理与资源化利用、生鲜乳质量安全控制等技术进一步优化牛群结构，快速提高牛群生产性能，为奶牛群体生产性能的提高打下了坚实的基础（表2-2）。

表 2-2　2002—2015 年奶牛良补情况

年度	冻精/万支	资金/万元
2002	5.91	175.5
2003	12.75	225
2004	18.48	280
2005	20.64	285
2006	30.16	436.6
2007	33.2	528
2008	42.6	699
2009	41.8	687
2010	41.8	687
2011	41.8	687
2012	37.8	567
2013	37.8	567
2014	37.8	567
2015	37.8	567
合计	440.34	6 958.1

2002—2006 年，宁夏实施了"奶牛品种改良"项目，在全国率先以省为单位，全面开展奶牛选育工作。宁夏畜牧工作站组织在全国重点种公牛站筛选引进优质荷斯坦种公牛冻精，建立和完善牛群系谱档案，完善冷配改良站（点），强化配种技术人员管理，建成了较为完善的良种繁育技术服务体系。其制定了全区统一的"宁夏奶牛谱系"卡片，制定并完善了《宁夏回族自治区中国荷斯坦牛牛只编号办法》，在国内首次编制完成《全国重点种公牛站公牛血缘关系图》，统一采购发放奶牛专用耳标 26.21 万套，印制"宁夏奶牛谱系"卡片 26 万张，完成 25.44 万头奶牛佩戴耳标和建档立卡

工作。并研发了"宁夏登记牛管理系统",为宁夏18个市、县(区)配备奶牛档案管理与良种登记专用计算机19台,完成177 821头奶牛系谱档案资料的录入,为奶牛群体改良体系的建立和选种选配工作开展提供了第一手基础遗传资料和信息。同时更新补充冷配改良点液氮罐96个,购置冷配改良器械75套(输精枪、开腔器等)、液氮运输车3辆。每年对从事奶牛冷配改良的技术人员进行专项培训和考核,实行持证上岗和年检制度。项目实施县(市、区)制定了《奶牛良种补贴项目冷配点及冻精发放管理办法》等管理规范,建立了完善的冷配改良体系,奶牛良种覆盖率达到100%,选育工作实现了统一编号、统一佩戴耳标、统一建档立卡、统一采购冻精、统一选育方案、统一实行智能化管理的"六统一"。

2004—2005年,在大力健全以冷配改良技术体系的同时,由宁夏四正生物工程技术研究中心(有限公司)牵头,依托863国际科技合作项目"优质高产奶牛胚胎产业化合作开发"和自治区8613科技攻关项目"奶牛优质高产综合配套技术开发",开展了奶牛胚胎移植技术示范应用。

2015年开始,宁夏在全区组织实施了奶牛节本增效技术示范,宁夏畜牧技术推广部门,重点示范推广了9项综合配套技术。其中,在节本增效奶牛场示范推广了奶牛良种选育技术,自国家良种补贴项目停止以来,择优选择荷斯坦种公牛冻精,通过确定改良目标,依据牛群系谱资料、生产性能测定和体型线性鉴定结果,对奶牛场在群牛的血统、以往使用过的公牛、胎次产奶量、乳脂率、乳蛋白率和体型外貌的主要优缺点等进行分析。以持续提高产奶量和乳蛋白率等生产性状为主要改良目标，兼顾乳房结构、肢蹄、繁殖力和生产寿命等性状，确定示范场牛群生产性能和体型外貌方面普遍存在的需要改良提高的性状。选择相关性状预期传递力高或后代母牛平均305天产奶量高于本场牛群1 000千克、乳蛋白率高于本场牛群0.2%~0.3%，乳房结构和肢蹄有明显改良效果的验证种公牛进行选配改良。

2013—2016年，先后在宁夏农垦贺兰山奶业有限公司、贺兰中地生态牧场有限公司、贺兰县汇丰源牧业有限公司等9家牧场开展胚胎移植项目，期间累计移植胚胎1.8万枚，受体14 236头，受胎7 800头。组织贺兰县汇丰源牧业有限公司、中卫市河沙奶牛养殖合作社等3家企业从甘肃省引进美国性控胚胎繁育荷斯坦母牛1 656头。其中，汇丰源牧业引进的506头牛。生产性能测定数据显示，头胎平均日产奶35千克，乳脂率3.9%、乳蛋白率3.3%，305天产奶量10吨以上，高于自治区成母牛单产3吨以上。二、三胎奶牛305天产奶量可超过11吨，单产水平达到国内领先。银川市农牧局通过政府招标的形式采购性控胚胎3 500枚，在银川市所管辖的月牙湖奶牛养殖园区、中地牧场、汇丰源牧场、兴泾镇等区域进行胚胎移植，共计移植胚胎4 001枚，移植受体3 000头，受胎1 505头。2013—2016年公司累计胚胎移植27 765枚，受胎11 939头，受胎率43%以上，母犊率97%以上，流产率7%以内，累计出生母犊10 769头。

2013—2019年，宁夏实施了农业育种专项"优质高产奶牛选育"项目。建立了核心群选育群示范场31个，存栏7.15万头。选育组建开放式核心群1.7万头，305天产奶量11.2吨。建立了奶牛育种基础数据库4个，完成DHI测定19.86万头，体型线性鉴定3.2万头，良种登记9.5万头，种公牛数据库46.8万头；采用随机回归模型估计宁夏荷斯坦奶牛头胎测定日产奶量遗传参数，评估泌乳母牛5.6万头；构建了宁夏地区奶牛选择指数（SINX）；筛选引进优秀种公牛冻精15.2万支开展精准化选配，选配的后代平均产奶量育种值约提高489千克。建立了宁夏荷斯坦奶牛育种技术体系。筛选了奶牛产奶和健康性状遗传标记8个，组建了宁夏β-酪蛋白A2纯合基因型奶牛资源群；先后5次应用全基因组选择技术，评估青年母牛2 512头，5批次奶牛基因组性能指数（GCPI）为283.32、438.30、589、593.43、910.46，初步建立了宁夏荷斯坦青年母牛早期选育技术体系。建立了宁夏荷斯坦奶牛主要繁殖障碍性传染病的检测与监测体系。据育种值（EBV）和GCPI排名选择供体母牛1 165头，遴选9头优秀验证种公牛进行选配，创建了宁夏荷斯坦奶牛性控胚胎移植繁育、供体母牛全基因组早期选育和供体母牛遗传评估选择技术体系。该项目由宁夏畜牧工作站牵头完成，2020年获自治区科技进步奖一等奖。

2020—2022年，自治区农业农村厅启动奶牛良种繁育基地建设，聚焦奶牛产业高质量发展。以奶牛良种繁育基地建设为抓手，以提高奶牛生产性能、生鲜乳品质安全和奶牛养殖经济效益为主攻方向，以奶牛良种登记、生产性能测定、体型线性鉴定、奶牛遗传评估和选种选配等重点工作为基础，以奶牛早期选育技术为突破，借助现代分子生物技术，开展优质高产奶牛选育研究和示范协同攻关，健全完善奶牛良种繁育和示范推广技术体系。按照《全区农业特色产业良种繁育基地建设工程推进方案》"十一个一"要求，团队聘请中国农业科学院北京畜牧兽医研究所卜登攀研究员、中国农业大学王雅春教授行业知名首席专家，牵头组建了由宁夏回族自治区畜牧工作站、中国农业大学、宁夏大学等区内外产学研联合的专家团队；整合自治区良种繁育、育种专项、揭榜挂帅等项目专项经费3 326万元；组建了金融、保险、担保等部门和机构组成的投资团队，创新"金融+产业"发展模式，推广"购牛贷"等产品，相关金融机构投入信贷资金69.85亿元；联合吴忠市、农垦集团与伊利集团签订200亿新目标战略合作协议，吴忠市启动"三基地三中心"建设项目，加快奶牛良种繁育基地建设，加速奶牛遗传改良进展；建立了奶牛良繁基地4个、示范企业5家、示范场14个，在示范场开展荷斯坦母牛品种（良种）登记、生产性能测定、基因组检测等工作，建立了完善的良种牛质量追溯体系。制定了一套完整的良种繁育基地建设规划，定期按要求完成各项工作汇报与考核。

2022年，自治区科技厅启动实施了揭榜挂帅"优质高产奶牛OPU-IVP工厂化生产技术研究集成与产业化示范项目"，确定宁夏回族自治区畜牧工作站为奶产业相关技术需求和揭榜挂帅项目的发榜方。通过发布榜单、论证揭榜等环节，优选山东奥克斯畜牧种业有限公司为该项目揭榜方，主持实施该项目。根据项目内容，由海原新希望牧业有限公司、宁夏金宇浩兴农牧业股份有限公司、宁夏农垦乳业股份有限公司为项目示范点共同承担实施。截至2022年，建成体外胚胎生产中心2个，组建优质高产开放式青年母牛核心群656头，培育优质后备公牛22头，其中，GTPI指数最高达2 908，与进口种质遗传水平相当。应用青年母牛基因组选择（GS）+活体采卵-体外胚胎生产（OPU-IVP）工厂化生产技术生产胚胎5 502枚，常规和性控冻精生产体外胚胎囊胚率分别达到35%和30%，鲜胚和冻胚受胎率分别达到41%和30%，初步实现了优质高产奶牛活体采卵体外胚胎工厂化生产技术的产业化示范，为优质种源由引种为主向自主繁育转变奠定坚实基础。

2020—2023年，自治区实施奶牛性控冻精（胚胎）补贴项目，累计安排财政资金1.6亿元，用于支持全区规模奶牛养殖场推广应用优质性控冻精和胚胎，建设体外胚胎生产示范中心、奶牛智慧园区服务中心和清洗消毒中心等。截至2023年，在全区累计推广优质性控冻精91.44万支、性控胚胎2.7万枚，扩繁优质奶牛70.5万头。联合北京首农集团，在海原县建设中国（宁夏）良种牛繁育中心，年可生产优质冻精100万支、种用胚胎500枚，填补了宁夏种牛繁育平台空白；建成奶牛胚胎生产中心5个，年生产移植优质体外性控胚胎1.1万枚，受胎率超过47%，实现了高产奶牛活体采卵-体外胚胎（OPU-IVP）工厂化生产、产业化应用。

第三节　繁殖技术应用

1996年以来，我区奶产业发展较快，已成为推动我区农村经济发展和增加农民收入的特色产业。奶牛良种繁育体系和社会化服务体系初步形成。人工授精技术得到全面普及，奶牛胚胎移植技术在规模场开始研究与应用。1999年，宁夏平吉堡奶牛场开始实行分群饲养，推广应用TMR饲喂技术，实行人工搅拌混合（由于缺乏设备），在生产中取得了一定效果。1999年，宁夏通过参加中国—加拿大奶牛综合育种合作项目，由平吉堡奶牛场采集奶样运送到西安进行测定并出具分析报告，开始了奶牛生产性能测定（DHI）试点工作。

2000年以来，按照自治区确定的《奶产业发展规划》，积极开展高产奶牛的选育，通过胚胎移植、体外受精、早期性别鉴定、体型线性鉴定和生产性能测定（DHI）等先进技术的应用，为我区奶牛产业的快速发展提供了技术保障。

2000—2001年，依托"奶牛高产综合技术推广项目"，在项目区规模养殖户中开展了奶牛体型线性鉴定工作，对1~4胎泌乳牛进行了鉴定，共鉴定泌乳牛3 850头。其中体型评分在75分以上的牛只有2 249头，78分以上的816头。

2001年宁夏夏进乳业公司筹建了DHI测定实验室，引进美国BENLTEY—150型乳成分·体细胞测定连体机，在宁夏平吉堡奶牛场等8个奶牛场启动实施了DHI测定。

2001—2005年共测定奶牛6 523头，累计测定奶样44 499份。通过阶段的试点工作，宁夏奶牛养殖者对DHI测定技术有了初步的认识，参加DHI测定牛场取得了一定的成效，牛奶产量质量和经济效益均有较大提高。

2002—2004年，依托《奶牛高产技术示范推广项目》，按照加拿大9分制鉴定方法，对11个示范场（园区）的1~4胎2 571头泌乳牛进行了体型线性鉴定，鉴定平均分为75.12。根据体型线性鉴定结果，项目组分别制定了各示范奶牛场（园区）的选种选配方案。针对需要重点改良的性状（乳房结构和尻部），结合奶牛生产性能测定（DHI）结果，本着保留优点、改进缺陷的原则，引进国内外优质冻精20 000支（其中加拿大冻精1 000支），选配改良示范牛场（园区）母牛8 600头，繁育高产奶牛后代3 452头，改良后代生长发育良好、体型外貌改良效果显著。据初步测产和推测，头胎母牛年均单产将超过7 200千克。同期，宁夏畜牧工作站等单位先后与北京奶牛中心、宁夏四正生物工程中心、新疆天康畜牧生物技术股份有限公司、澳大利亚西澳州大力畜牧育种公司进行了技术合作，用黄牛作受体，在吴忠市金银滩、银川市兴庆区和平吉堡奶牛场开展了奶牛胚胎移植工作，累计移植胚胎696枚。

2002—2005年，启动实施了"奶牛品种改良"项目，统一采购国内外优质冻精改良奶牛，在全区范围内，建立了科学统一、运行规范的良种冻精引进和推广应用体系。2002—

2005年,依托"奶业重大关键技术研究与产业化技术集成示范项目",与宁夏平吉堡奶牛场、上海益民科技有限公司合作,编制完成了适合宁夏奶牛编号办法和谱系卡片要求的《宁夏登记牛管理系统》V3.0版管理软件,完成了12.3万头奶牛数据的录入。并在核心示范区引进应用了与中国农业大学李胜利博士合作开发的"奶牛多功能管理分析系统",初步建立育种资料和日粮原料数据库。通过两个系统的应用,初步实现了宁夏地区奶牛信息资料的计算机管理。

2006年开始,奶牛高效养殖综合配套技术全面推广,生产水平跨入全国先进行列。全面推广了品种改良、奶牛全混合日粮(TMR)饲喂、生产性能测定(DHI)、分群饲养、营养调控等高效综合配套技术,示范应用了奶牛场(园区)信息化、规范化、标准化等饲养管理新模式,转变了奶牛养殖传统养殖方式,生产水平和规模化养殖比率显著提高。引进国内外优质荷斯坦种公牛冻精206.2万支(其中,国外验证公牛冻精11.71万支),冷配改良奶牛102.3万头,良种覆盖率100%。全混合日粮饲养技术已在100多个规模奶牛场(园区)推广应用,辐射奶牛群6万头。2008年,由宁夏回族自治区畜牧工作站牵头组织实施的《奶业关键技术研究(集成)与产业化示范》获自治区科技进步奖一等奖。

2008年11月,农业部和财政部联合下发了《关于下达2008年奶牛生产性能项目实施方案的通知》(农办财〔2008〕150号),在北京、天津、河北等18个项目区实施奶牛生产性能测定项目,宁夏奶牛DHI测定中心被列为全国18

个测定中心之一，奶牛生产性能测定技术覆盖 50 个规模奶牛场（园区），累计测定泌乳牛 3.6 万头，奶牛养殖已实现了由定性管理向定量管理的转变。

2010 年，全区成母牛平均单产 6 400 千克，居全国第四位，良种覆盖率、机械化挤奶技术覆盖面均达 100%，其中，核心选育群平均单产 8 506 千克，乳脂率 3.8%、乳蛋白率 3.37%。编制完善了《宁夏回族自治区中国荷斯坦牛编号办法》，研发了奶牛在线登记软件及 DHI 分析软件，初步建成宁夏奶牛信息体系。2011 年以来，奶牛产业带及核心区优势进一步凸显，依托北部引黄灌区农业产业优势，着力打造奶牛优势产业带，全面实施奶业"提质增效"行动计划，优势区奶牛存栏和产奶量分别占到全区的 93% 和 99%，以规模养殖场和养殖园区为平台，以重大推广项目为抓手，引进、示范、推广了高效繁殖、精准化养殖、粗饲料加工、智能化管理等一大批先进技术，大力发展奶牛标准化规模养殖，实施振兴奶业苜蓿发展行动，推行奶牛遗传改良计划，奶牛养殖规模化、标准化、机械化、组织化水平显著提高。累计推广优质奶牛冻精 193 万支，改良奶牛 107.2 万头，奶牛覆盖率分别达到 100%，奶牛平均单产 7 200 千克，居全国第四位，比全国平均水平高 1 200 千克。机械化挤奶率达到 95%，规模牧场全部实现机械化挤奶。规模场全混合日粮饲养技术（TMR）普及率达到 70%。

2011 年，依托"奶牛精准化健康养殖技术推广项目"，在宁夏农垦贺兰山奶业有限公司、银川市西夏区先锋奶牛养殖场等 10 个重点示范场推广应用了奶牛场管理系统（DMS3.0）。软件具备智能预警、牛群管理、繁殖管理、产奶管理、DHI 管理、兽医保健、饲料配方与营养、物资管理、决策支持和系统管理功能，实现了与奶牛 DHI 测定中心数据库 CNDHI 系统数据共享。

2012 年以后，随着计算机的普及应用，国内外相关计算机软件公司相继研发了 CNDHI、"奶业之星"等多个牛场管理软件和"奥特"发情探测器等多个物联网设备，奶牛场信息智能化管理技术进入了大数据时代。

2013 年，自治区农业育种专项"优质高产奶牛选育项目"开始实施，项目第一期共 5 年。每年依据最新发布的国际公牛排名和各性状育种值，依据公牛总性能指数 TPI 平均值及项目示范场 TPI 均值，结合奶牛群遗传评估育种值、生产性能及体型鉴定数据，为示范场制定个体精准化选配方案。截至 2015 年，全区参加奶牛生产性能测定的泌乳牛群 4 万头左右，参测牛群平均 305 天产奶量达到 9 吨，建成了宁夏奶牛 DHI 测定中心。

2016 年以来，围绕奶产业提质增效，打造全国优质奶牛和优质奶源"两个基地"的目标，重点实施了优质高产奶牛选育、奶牛生产性能测定（DHI）、奶牛养殖节本增效、奶牛绿色养殖与优质生鲜乳生产体系研究与示范等项目，全面推广良种选育、高效繁殖、生产性能测定、全混合日粮、精准化饲喂、信息化管理、粪污资源化利用等 10 项技术，全区规模养殖场奶牛良种率、机械挤奶率、青贮饲喂率均达到

100%。2017 年，建成了宁夏奶牛 DHI 测定吴忠分中心实验室，年测定能力达到 6 万头。

2018 年，宁夏奶牛 DHI 测定中心被全国畜牧总站和中国奶业协会评选为一级奶牛生产性能测定中心，作为全国 10 个一级测定中心之一，标志着宁夏奶牛 DHI 测定中心已步入全国标准实验室前列。参加奶牛生产性能测定的牧场达到 45 个，参测泌乳牛群 5 万头左右。

2019 年，参测牛群平均 305 天产奶量突破 10 吨，达到了欧美等发达国家水平。2020 年，奶牛生产性能测定技术应用研究获宁夏回族自治区科学技术成果证书（登记号：9642020Y169）。

2019 年，优质高产奶牛选育重大专项一期项目顺利结题，项目建成了宁夏优质高产奶牛选育体系，构建了宁夏地区荷斯坦牛遗传评估及选择指数，用随机回归模型估计宁夏地区荷斯坦牛头胎测定日产奶量遗传参数，筛选了宁夏地区荷斯坦奶牛产奶性状遗传标记 4 个，乳房健康遗传标记 4 个，完善了宁夏高产奶牛快速扩繁技术体系，以宁夏农垦贺兰山奶业有限公司下属的奶牛场和贺兰中地生态牧场有限公司等 10 个育种示范场为重点，建立了宁夏地区"供体母牛全基因组早期选育技术体系"和"供体母牛遗传评估选择技术体系"。引进优质验证荷斯坦奶牛性控冻精，生产（引进）优质高产奶牛性控胚胎 2 091 枚，移植受体牛 1 929 头。研究和示范奶牛高效繁殖等技术 25 项，30 个示范场平均胎间距由 2012 年的 417.53 天缩短至 2017 年的 391.83 天。同时，建立了宁夏奶牛信息化管理体系，应用云计算、物联网、大数据等互联网+技术手段，建成集遗传育种数据收集、在线牧场管理及选种选配、物联网应用为一体的宁夏奶牛信息化管理平台；开发了基于云技术的宁夏奶牛场管理系统，建立完善宁夏奶牛育种综合信息数据库，集成国内外46.8万头种公牛数据、9.5万多头良种母牛基础信息、87.29万条DHI测定记录、2.9万头线性鉴定数据，为开展宁夏地区奶牛遗传评估，推进奶牛"大数据"育种，提供了有力支撑。

第四节 繁殖管理

随着畜牧业不断发展壮大，全区上下逐步推进系统化、体系化、一体化管理。2002年，建立了以市、县为中心，以乡镇服务为基础，以村级服务为补充的奶牛社会化服务体系。保证县、乡两级服务站有机构、有人员、有设备、有经费，尤其是要稳定乡（镇）畜牧兽医站的机构，保证科技人员工资，同时，加强培训，提高广大科技人员的知识和技术水平，增强服务手段。自治区建立了奶业信息中心和乳品质量检验监测中心，制定鲜奶生产和收购管理办法，为广大奶农提供系列化、网络化的服务。

根据《中华人民共和国畜牧法》规定，种畜禽生产经营许可证实行分级管理审核发放，具体审核发放办法由省级人民政府规定。2018年，自治区人民政府废止了《宁夏回族自治区实施〈种畜禽管理条例〉办法》，导致我区种畜禽生产经营许可证审核发放管理无地方行政法规可依。2019年8月30日，自治区人民政府印发了《宁夏回族自治区种畜禽生产经营许可证审核发放管理办法》（宁政办规发〔2019〕8号），自2019年9月29日正式实施。

2023年，全区奶牛种畜生产经营企业共16家；创建国家级核心育种场3家，分别是宁夏农垦乳业股份有限公司（平吉堡奶牛三场）、宁夏农垦乳业股份有限公司（平吉堡奶牛六场）、贺兰优源润泽牧业有限公司；建成奶牛胚胎生产中心5个，年生产移植优质体外性控胚胎1.1万枚，受胎率超过47%，实现了高产奶牛活体采卵-体外胚胎（OPU-IVP）工厂化生产、产业化应用。

第三章

奶牛饲草料

第二部

明代的民間宗教

第一节 饲草资源

宁夏饲草资源主要有天然草原、人工饲草地、农作物秸秆和非常规饲料。天然草原实行全境禁牧封育；人工饲草以苜蓿、青贮玉米、一年生饲草为主；农作物秸秆主要有玉米、水稻、小麦等秸秆；非常规饲料主要有柠条、马铃薯淀粉渣、果渣等。2023年，全区饲草种植面积578.3万亩。其中，青贮玉米285.7万亩，苜蓿留床面积214.6万亩，一年生饲草78万亩（饲用燕麦32.7万亩、饲用高粱14.2万亩、草谷子9.3万亩、饲用小黑麦3.6万亩、苏丹草3.7万亩、其他一年生饲草14.5万亩）。据业务统计，全区饲草产量1 419万吨，其中，生产加工全株玉米青贮929万吨、苜蓿干草98万吨、一年生饲草33万吨；加工利用农作物秸秆250万吨、非常规饲草料等109万吨。

第二节 饲草种类

发展人工草地是宁夏在实施西部大开发战略，建设草原绿色生态屏障，巩固草原禁牧封育、退牧还草生态建设成果的重要举措。为了加快宁夏人工草地建设和草畜产业的健康快速发展，确保禁牧封育工作的顺利开展，2002年自治区党委和政府下发了《关于加快中部干旱带生态环境建设和大力发展草畜产业的意见》，决定从2003年5月1日起全区草原实行全面禁牧封育，同年启动了百万亩人工种草工程和百万农牧民技术培训工程。自治区财政、农牧、发改委、扶贫、林业、科技、农科院等七厅、局、委联合下发了《关于全面推进宁南山区草畜产业发展的若干意见》和《关于全面推进宁南山区草畜产业发展的若干意见实施细则》，随后又出台了《推进特色优势产业促进农业产业化发展的若干政策意见》；2006年，自治区党委政府把优质牧草列为13个农业产业化特色优势产业之一，确立"立草为业，引草入田，兴草富民"的指导思想，从资金、物资、技术、项目、培育龙头企业等方面给予强有力的支持和推动，自治区政府成立了农业产业化协调领导小组办公室，专门负责全区农业产业化工作，将人工种草列为农业产业化建设体系，立草为业，给全区人工种草创造了良好的政策环境。到"十一五"末，人工种草面积达到839万亩，人工草地与天然草地的比例达到1：6，每年增加优质饲草600多万吨，以人工草地"置换"天然草原，为保障全区草畜产业在禁牧初期稳定过渡、后期提速发展奠定了坚实基础，促进了草原畜牧业发展方式的根本转变，实现了增草、增畜、农民增收和生态环境全面改善的目的。

一、种草养畜高速发展期

（一）人工草地保留面积发展迅速

"十一五"末，全区人工草地面积达839万亩，比"十五"末增长13.1%。其中以紫花苜蓿为主的多年生牧草594万亩，一年生牧草245万亩。多年生牧草留床面积中水地31万亩，占5.2%，旱地563万亩，占94.8%。一年生牧草种植面积2005年以来每年稳定在200万亩左右。

（二）人工草地生产能力不断提升

根据人工草地生产力监测，2010年水地苜蓿年产干草1 243千克，旱地苜蓿年产干草666.7千克，每年可提供优质蛋白饲草398万吨；一年生禾草245万亩，年提供饲草79.5万吨；青贮玉米30万亩，年提供青贮饲料165万吨。全区每年人工草地为畜牧业提供优质饲草642.5万吨，仅苜蓿干草年创产值39.8亿元。

（三）草产业龙头企业不断壮大

"十一五"末，全区草产品各类加工企业达到48户，建成苜蓿生产基地5万多亩，辐射带动种草农户近4万户，累计加工出售各类牧草产品84万吨，创产值6.7亿元。宁夏农垦茂盛草业有限公司已发展成为全国三大草业公司之一，2010年收储加工苜蓿草3.5万吨。彭阳荣发农牧有限公司依托彭阳县百万亩紫花苜蓿种植基地的优势，2008—2009年共收购苜蓿草4.9万吨，向农民兑付草款4 195万元，带动

4 000多户农民户均收入近5 000元。

(四) 优质牧草产业园区初具规模

在"十一五"时期,以科学发展为指导,结构调整为主线,增加农民收入为核心,积极创建现代草产业示范基地,目前已建成"种养加""产加销""标准化种植"等类型的优质牧草产业示范园区5个,园区种草面积达到2万多亩,取得了显著成效。

(五) 产业扶持政策保障有力

"十一五"时期,自治区实施"草畜产业"工程,每年整合专项资金5 000多万元,重点扶持人工种草,帮助禁牧农牧民建设棚圈、改良畜种,补贴购置饲草加工机械。2006年将优质牧草列为农业产业化建设体系,每年安排一定数量的资金给予扶持,2006—2010年自治区农业产业化累计安排专项补助资金5 379万元,用于种草补贴,有力地推动了优质牧草产业的发展。

二、饲草产业高质量发展期

"十三五"时期,我国饲草产业已形成"一带两区"的格局,即东北、华北、西北苜蓿草产品加工优势产业带和青藏高原、南方禾草两大生产加工优势区。宁夏地处国家草产业"一带两区"中心区域,发展饲草产业具有得天独厚的自然禀赋和区位优势。"十三五"期间,国家将宁夏列为12个草牧业试点省(区)之一。实施了粮改饲、振兴奶业苜蓿发展行动计划、退牧还草工程等一系列重大项目，促进了饲草产业高质量发展，为全区农业结构调整和畜牧业提质增效发挥了重要作用。到"十三五"末，全区人工饲草地总面积929.8万亩。其中，苜蓿留床面积549.6万亩，青贮玉米270万亩，一年生禾草110.2万亩。据业务统计，2020年，全区饲草总产量1 569.4万吨。其中，生产加工青贮玉米1 034.3万吨、一年生禾草50.6万吨、苜蓿123.9万吨，加工利用农作物秸秆235.2万吨、非常规饲料及杂草等125.4万吨。

（一）饲草种类多样化

1. 苜蓿

在我国加入世界贸易组织，推进西部大开发，加快调整农业和农村经济结构的新形势下，以宁夏贺兰山农牧场为代表的宁夏农区苜蓿产业化生产开始兴起、发展、壮大，苜蓿草产业的兴起及发展又促进了奶产业与苜蓿草产业的有机结合和协同发展。2002年以科技部奶业重大专项"宁夏农区奶业现代化技术集成与产业化示范"的实施为契机，课题组在宁夏农垦茂盛草业有限公司苜蓿基地进行了相关的产业化生产示范研究。

2002年之前，苜蓿在宁夏奶牛养殖中几乎没有应用，通过苜蓿产业化技术的示范推动，2004年全区50头以上规模奶牛场大部分已用苜蓿干草饲喂奶牛，泌乳牛日喂干苜蓿2~3千克，减少精饲料日喂量1~2千克。据统计2004年贺兰山农牧场年产干草9 200吨，用于宁夏农区奶牛养殖的有

6 000 吨，苜蓿的广泛应用使奶牛日粮趋于合理，促进了奶牛的高效养殖。

全场苜蓿平均亩产干草达到 1 000 千克，每千克销售价 0.75 元，每亩产值 750 元，每亩种子费、机耕费、水电费、收割费、人工费以及管理、销售等费用平均投入 561.08 元，每亩净利润 188.92 元，高于小麦、玉米的产值和利润（560 元、700 元、52.5 元、137.3 元），可见种植苜蓿的效益均超过种植小麦和玉米的利润。发展苜蓿产业解决了宁夏农区优质饲草料缺乏问题，也是农牧民增产增收实现农业可持续发展的有效途径。宁夏农垦茂盛草业有限公司种植苜蓿后，经济效益逐年提高，2002—2004 年共生产优质苜蓿 2.35 万吨，产值 1 762.5 万元，纯收入 423 万元，对宁夏农区畜牧业发展起到了积极的示范和带动作用。

宁夏位于国家苜蓿产业带中心产区，是国家重要优质苜蓿商品草基地，商品草生产水平较高，产量逐年增加，单产和质量均居全国前列。苜蓿区域布局上基本形成了北部引黄灌区和南部雨养区优质苜蓿产业发展格局，生产经营逐步向集约化、标准化、机械化方向转变，苜蓿产业总体呈稳中向好发展局面。2020 年，全区苜蓿留床面积 549.6 万亩。其中，高产优质苜蓿基地 67.3 万亩，占苜蓿总面积 12.2%；农户零星分散种植 64.3 万亩，占 11.7%，以自产自用为主；退耕坡地苜蓿留床地 418 万亩，占 76.1%，产草量低，主要发挥生态功能。在国家振兴奶业苜蓿发展行动计划支持下，宁夏高产优质苜蓿基地建设力度不断加大，种植面积逐年增加，

2020年底面积达到67.3万亩，占全国高产优质苜蓿基地面积的14.96%，为畜牧业特别是奶产业快速发展提供了有力支撑。苜蓿商品草年产量逐年增加，由2012年5.6万吨增加到2020年的29.37万吨，占全国苜蓿商品草总产量的7.3%。北部灌区苜蓿生产水平较高，最高产量可达1.3吨/亩，苜蓿质量在全国位于前列，粗蛋白质含量18%~21%，相对饲喂价值（RFV）平均达到150以上。

2. 青贮玉米

青贮玉米是单位面积产出效能最好的农作物，是草食家畜最主要的饲草料来源。2015年，国家启动实施"粮改饲"项目，在"粮改饲"项目的推动下，宁夏加快种植业结构调整，青贮玉米种植面积逐年扩大，单产水平和全株玉米青贮质量显著提高。2020年，青贮玉米种植面积270万亩，总产量1 043.3万吨，平均单产达到3.83吨/亩。引黄灌区青贮玉米干物质和淀粉含量均达到30%以上，优于国家一级标准。南部山区青贮玉米干物质和淀粉含量均达到28%以上，优于国家二级标准。《2019年中国全株玉米青贮质量安全报告》显示，我区全株玉米青贮12项检测指标，有10项优于全国平均水平，全株青贮玉米质量在全国排名第一位，高于美国平均水平。坚持推进种养结合，支持规模养殖场（户）、饲草收贮企业等新型经营主体通过流转土地自种、订单种植收购等方式，推进种养一体化生产，实现了"饲草种植+玉米青贮+家畜养殖+粪肥还田"种养结合绿色循环发展。2020年，种养一体化收贮面积占青贮玉米总面积86.1%，其中流转土地自种25.2%、订单种植收购60.9%。青贮玉米普及率逐年提高，奶牛场青贮玉米普及率达到100%，青贮玉米生产应用成为推进种养结合、构建新型种养关系的重要途径。

3. 燕麦草

营养价值高、适应性强，是高产奶牛必备的优质饲草。随着产业结构优化调整和奶产业发展步伐加快，燕麦草种植面积逐年增加，达到71.3万亩，干草产量39.2万吨。主要分布在南部山区，以农户分散种植自用为主，高品质商品草不多。主要品种有甜燕1号、牧乐思、海威等。2020年，规模奶牛场从甘肃、内蒙古等省区外购燕麦草9.8万吨。宁夏西贝农林牧生态科技有限公司在利通区、平罗县、青铜峡市等县（区）推广了"小黑麦+饲用燕麦""春小麦+饲用燕麦"一年两茬复种模式，为奶牛主产区饲草料多元化供给提供技术支撑。宁夏千叶青农业科技发展有限公司在平罗县试验"燕麦+苜蓿"混播种植模式，当年亩产燕麦600千克、苜蓿450千克，缓解了苜蓿单播种植当年亏损的问题。

4. 小黑麦

生物产量高、营养品质好，是适合冬闲田复种的优良冬性饲草。2017年以来，先后引进推广'晋饲草1号''冀饲2号''冀饲3号'等品种。据利通区金银滩富农奶牛合作社测产，'晋饲草1号'亩产鲜草3 800千克，折合干草950千克，比'冬牧70'鲜草亩产高750千克、干草高188千克。据惠农区礼和乡兴农公司测产，'晋饲草1号'小黑麦亩产鲜草3 260千克，折合干草815千克，比'冬牧70'鲜草亩产高1 015千克、干草高250千克。2020年在全区推广种植小黑麦5.1万亩，亩产青干草750千克，亩均利润1 200元以上，经济效益显著。

5. 农作物秸秆

宁夏农作物秸秆资源丰富。据测算，1996年全区农作物秸秆总产量203万吨，其中小麦秸（冬、春小麦）68万吨，占总量的33.5%；玉米秸62万吨，占总量的30%；水稻秸47万吨，占总量的23%；豆类秸5万吨，占总量的2.5%，其他（谷、糜、荞等）7万吨，占总量的11%。2007年宁夏秸秆加工利用总量达到175万吨，秸秆加工调制利用率达到38%。按每加工6吨秸秆就节约1吨粮食计算，相当于节约粮食29万吨，占全区粮食总产量的9.4%。2008年全区加工调制秸秆192万吨，其中全株玉米青贮80万吨，秸秆加工调制利用率提高10个百分点，达到48%，节约粮食32万吨，占全区粮食总产量的10%。

2008—2012年秸秆资源量维持在500万吨水平，2019年，全区粮食作物播种面积1 016.1万亩，粮食总产量373.1万吨，农作物秸秆资源总量328.4万吨，有效饲用量约230万吨。其中，籽粒玉米种植面积449.7万亩，产秸秆237.2万吨；小麦种植面积161.7万亩，产秸秆31.7万吨；水稻种植面积102.1万亩，产秸秆49.1万吨；小杂粮等作物种植面积163.6万亩，产秸秆10.4万吨。玉米、小麦和水稻三大作物秸秆318.0万吨，占农作物秸秆的96.8%。自治区全面推进农作物秸秆综合利用，推广应用秸秆机械化捡拾打捆、加工调制饲用、还田利用、生物质燃料等，解决了秸秆"站岗"和焚烧秸秆污染空气的现象，实现变废为宝、化害为利，全区农作物秸秆饲用率达到70%，综合利用率达到86%以上。

充分利用农作物秸秆是保障饲草供给和支撑畜牧业可持续发展的重要基础。我区始终把提高农作物秸秆饲用率作为解决饲草紧缺和农业面源污染的有效措施，秸秆加工调制水平稳步提高，对缓解中南部季节性饲草不足、降低养殖成本发挥了重要作用。2020年，全区粮食作物播种面积1 018万亩，粮食总产量380.5万吨，农作物秸秆资源总量335.9万吨，有效饲用量约235.2万吨。近年来，我区全面推进农作物秸秆综合利用，推广应用秸秆机械化捡拾打捆、加工调制饲用、还田利用、生物质燃料等，解决了秸秆"站岗"和焚烧秸秆污染空气的现象，实现变废为宝、化害为利，全区农作物秸秆饲用率达到70%，综合利用率达到87%以上。

（二）生产经营模式逐渐转变

1. 培育新型经营主体

全区共有各类饲草新型经营主体91个，其中草业协会2家、饲草加工企业53家、专业合作社33家、家庭农场3家，年加工能力142万吨。同时，充分发挥宁夏草业协会和六盘山草业协会桥梁纽带作用，提升产业组织化水平；培育六盘山牧草产业化联合体，发展饲草精深加工、创建"贺兰山""荣发"等苜蓿草品牌。

2. 创新生产经营模式

创新发展体制与机制，探索出适宜我区饲草产业发展的生产经营模式和栽培草地放牧模式。一是轮作多茬高效种植模式。针对全区光热资源和灌溉条件，在引黄灌区推广"小黑麦+青贮玉米""小黑麦+水稻""小黑麦+燕麦""小麦+燕麦"等复种模式；在南部山区推广"小黑麦+饲用高粱""小黑麦+燕麦"等复种模式、"青贮玉米+饲用高粱"混收混贮间作模式，为不同区域种植业结构调整提供了参考模式。二是龙头企业带动集约化发展模式。宁夏千叶青农业科技发展有限公司、宁夏农垦茂盛草业有限公司等龙头企业，流转土地连片种植优质饲草，推进饲草种加销集约化发展。宁夏荟峰农副产品有限公司、彭阳县荣发农牧有限责任公司等龙头企业流转农村闲散土地，集中种植优质饲草，加工青贮裹包、草捆、草颗粒等草产品，建立饲草种植、加工、配送一体化生产体系。三是种养结合农牧绿色循环发展模式。吴忠市富农奶牛养殖专业合作社、中卫市沐沙畜牧科技有限公司等规模养殖企业流转土地，实行集中连片种植，粪污还田利用，实现种养循环发展。四是混播草地半舍饲半放牧养殖模式。依托泾源县军盛草畜专业合作社，在六盘山水热条件较好的地区，将退化草地、低缓坡耕地改良成人工栽培草地，大幅提高草地单产，实行适度放牧试验。既降低饲养成本，产出绿色有机畜产品，又使生态得以保护，实现草畜和谐发展。

3. 建立社会化服务体系

培育饲草社会化服务组织26家，鼓励饲草加工企业、配送中心、农机作业公司等开展饲草种植、收获、加工、配送服务，促进饲草生产各环节有机衔接。开展全株玉米青贮、优质饲草的种植、收获、加工调制及配送服务，以及测土配肥、病虫害统防统治、机械化收获加工等服务。

（三）政策支持带动全域发展

1. "粮改饲"项目

支持规模养殖场（户）或专业青贮饲料收贮合作社等新型经营主体扩大青贮玉米种植面积，生产加工全株玉米青贮饲料每吨补助50元。2020年，粮改饲补助资金12 610万元，计划补贴青贮玉米种植面积74.3万亩、收贮优质全株玉米青贮270万吨，实际补贴154.9万亩、收贮550.8万吨，示范"青贮玉米+小黑麦"一年两茬种植模式，种植优质越冬型饲用小黑麦5.1万亩。

2. 高产优质苜蓿示范基地建设项目

支持饲草生产合作社、生产加工企业、养殖企业（场）和合作社开展高产优质苜蓿示范建设，集中连片种植高产优质苜蓿每亩补助600元。2020年，高产优质苜蓿示范建设补助5 520万元，建设高产优质苜蓿示范基地9.2万亩，每亩补助600元。

3. 饲草良种繁育基地建设

支持建设优质饲草良种扩繁基地，对具有饲草种子繁育资质、从事饲草种子生产3年以上、有长期稳定且集中连片种植面积1 000亩以上的企业，每个基地补助1 000万元。截至2020年，建成苜蓿种子田2 100亩，年生产种子60吨。

三、种养结合农牧循环发展期

宁夏草食家畜以奶牛、肉牛、滩羊为主，奶牛、肉牛、滩羊三个产业是自治区优势特色产业。"十四五"以来，立足资源禀赋，不断优化产业布局，奶牛产业沿黄河流域农区分布，肉牛产业分布在以典型草原为主的中南部地区，滩羊产业分布在以荒漠草原为主的中部干旱带区。针对畜牧业发展饲草需求，优化饲草产业布局，全株青贮玉米全区均有分布，苜蓿分布在北部引黄灌区和南部山区雨养区，一年生优质禾草分布在中部干旱带和南部山区雨养区。

调整种植结构和耕作制度，通过土地流转或生产托管，集中连片推进优质饲草种植，推广"一年两茬"高产高效复种模式，建立健全多元化饲草供给保障体系。通过鼓励规模养殖场配套饲草种植、消纳粪便土地，促进种养结合、循环发展，解决草畜发展不匹配、饲草季节性供给不平衡、饲草结构不合理等问题。2023年，全区奶牛存栏91.96万头，按照奶牛头均年饲喂量7.5吨（青贮玉米6.1吨、苜蓿1吨、一年生禾草0.13吨、秸秆0.29吨）测算，2023年全区奶牛养殖饲草需求总量662万吨（青贮玉米537万吨、苜蓿88万吨、一年生禾草11万吨、秸秆26万吨）。2023年，全区饲草种植面积578.3万亩，其中青贮玉米285.7万亩，苜蓿留床214.6万亩（主要是生态草），一年生禾草78万亩。饲草总产量1 419万吨，其中青贮玉米929万吨、苜蓿98万吨、一年生禾草33万吨、农作物秸秆250万吨、非常规饲料及杂草等109万吨。供给奶牛饲草574万吨，缺口88万吨通过区外调购和国外进口。2023年，全区奶牛产生粪污量1 827.69万吨。其中，液体粪污996.92万吨（牧场循环利用299.08万吨，占比30%；直接还田697.84万吨，占比70%），固体粪污830.77万吨（制作成有机肥还田408.41万吨，占比49.16%；堆肥发酵后还田264.61万吨，占比31.85%；垫料回用157.75万吨，占比18.99%）。按照每头奶牛每天产生固粪24.75千克，年需2.25亩土地消纳，年配套粪污消纳用地225万亩。

第三节　饲料

饲料是奶牛养殖业最重要的投入品。饲料业是带动种植业和促进奶牛养殖业发展、保障消费安全和提高人民生活质量的基础产业。

一、发展历程

（一）兴起创业阶段（1979—1992年）

1958年后，宁夏农村城市近郊和传统集镇出现以人民公社、生产大队兴办从事饲料加工的独立企业。机械动力开始用于豆类、玉米、高粱等粮食作物的粉碎和农作物秸秆草粉

（豆类、荞麦、水稻、糜子秸秆等）饲料的加工，主要为农民生产服务，企业不直接从事生产后销售，饲料业发展缓慢。1978年以前，宁夏农村饲料加工以草粉和粮食粉碎加工为主，多为供自建养殖场的自配料，产品单一，经济效益低。1979年后，全区各地开始兴建配合饲料加工企业（粮食农垦等国营系统、乡村集体、农户个体等筹资兴办），配合饲料从供应畜禽向水产养殖场（户）延伸，饲料产品成为商品进入市场销售，宁夏饲料工业发端于此。1984—1986年，自治区粮食局共安排平价粮3 572万千克，用于饲料生产。

1986—1990年，全区共安排饲料加工企业技术改造项目92个，对中卫县、中宁县、青铜峡市、灵武县、永宁县、贺兰县、平罗县、银川市饲料公司及农垦贺兰山农牧场等11个国营饲料加工企业进行了整体改造。对吴忠市饲料公司等10个国营饲料加工企业进行了部分改造。1987年，自治区人民政府批拨饲料工业周转金65万元。1987—1991年自治区计委共安排90万美元外汇，为饲料业购进口鱼粉。1988年宁夏农学院增设动物营养和饲料加工专业。

（二）快速增长阶段（1993—2008年）

国营、集体饲料企业进行了股份制等经营体制改革，个体独资、股份制企业发展较快。此期，畜禽水产规模化养殖，增加了商品饲料的市场需求；饲料需求增加拉动企业产能扩张，同时也带动了标准化规模养殖业发展。

1986—1995年，自治区先后制定施行《宁夏回族自治区饲料管理暂行办法》《宁夏回族自治区饲料产品质量管理暂行办法》《宁夏回族自治区饲料原料标准》《宁夏回族自治区饲料工业企业升级标准》等地方法规和规章。全区共安排饲料工业建设项目166个，总投资2 437万元，其中自治区财政厅安排无偿投资120万元，占总投资的4.9%；有偿资金193万元，占7.9%；贴息贷款1 242万元，占51%。1981—1995年，列入自治区饲料科研项目23个，其中获得奖励15项。全区23个饲料加工企业建立了化验室，10个企业建立了养殖饲喂试验场。2005年、2006年和2007年全区饲料（包括配合饲料、浓缩饲料和预混料）产量分别为51.19万吨、53.67万吨和61.09万吨。

（三）调整规范阶段（2009—2016年）

2009年，配合国务院《饲料和饲料添加剂管理条例》修订，宁夏针对饲料生产原料来源杂、流通渠道广、加工环节多、精度要求高，涉及化工、医药、机械、食品等多个领域，诱发产品质量安全和生产安全隐患的不确定因素不断增多等问题，进一步规范饲料和饲料添加剂管理：一是明确了市县人民政府、饲料管理部门以及生产经营者的质量安全责任，建立各负其责的责任机制。二是完善生产经营环节的质量安全控制制度，解决生产经营者在生产经营过程中不遵守质量安全规范的问题。三是规范饲料的使用，解决养殖者不按规定使用饲料、在养殖过程中擅自添加禁用物质的问题。四是完善监督管理措施，加大对违法行为的处罚力度，提高违法成本。五是严格禁止企业使用农业农村部《饲料原料目录》《饲料添加剂品种目录》以外的原料生产饲料，按照软硬件条件要求，切实抓好饲料生产、经营、使用三个环节的质量监管工作。六是规范"企业标准"和"产品标签"制定使用。

2012年起，配合实施农业部《饲料和饲料添加剂生产许可管理办法》，宁夏针对中小饲料生产企业加工设备落后、产品同质化严重、饲料产品中有铜锌等微量元素超标等问题，严格要求新建配合饲料厂每小时加工能力必须达到10吨以上，中控智能化管理，配备相应的检化验仪器，实现全程质量控制，实行反刍饲料分线生产，推动企业设备更新和技术改造，对软硬件条件达不到国家标准的饲料企业坚决不予颁发生产许可证。

（四）高质量发展阶段（2017—2023年）

每年制定年度的《全区饲料质量安全监管监测计划》，采取联合执法和专项整治等方式，持续开展饲料产品质量安全、饲料质量安全追溯、饲料使用环节违禁添加物、反刍动物中牛羊源性成分4项监测。

2017年12月和2018年7月在宁夏大北农科技实业有限公司和宁夏伊品生物科技股份有限公司分别设立李德发院士专家工作站各1个。全区累计建成国家级企业技术工程中心2个、自治区级3个，自治区饲料质量检测机构3家；获发明专利81件，获实用新型专利16项，一批优秀论文刊发、专利产品获批、试验技术获奖。新获证企业均采用国内外先进饲料机械设备和生产工艺，配合饲料转化率持续提高。自治区饲料办着力抓好市县饲料监管人员、企业技术人员、自治区饲料审核专家委员会和饲料技术服务组 4 支队伍建设。2019 年全区饲料企业职工 8 171 人,其中博士 22 人、硕士 100 人、大本 1 302 人、大专 2 620 人、其他 4 127 人;大专以上人员占人数的 49.5%,其中特有工种 928 人,占总人数的 11.4%。

面对非洲猪瘟等养殖生产波动加剧、豆粕等国内外大宗原料价格不断攀升等不利因素冲击,宁夏饲料生产企业积极研发饲料精准配制技术和玉米高效替代技术,引导养殖场精准配料、精准用料。申报成立"自治区饲料产业技术服务组",自 2017 年起每年配套项目经费 35 万~59 万元。制定了"奶牛、肉牛、肉羊、生猪、家禽、水产养殖环节饲料安全使用规范"一套 7 个宁夏地方标准,在全区各类规模养殖场推行,开展《非粮资源饲料化技术集成与推广应用》课题研究,并获 2019 年全国农牧渔业丰收成果奖三等奖。

2018 年,《宁夏回族自治区人民政府办公厅关于加强饲料用粮供应保障促进饲料产业持续健康发展实施意见》出台,于 2019 年 4 月 17 日以宁政办发〔2019〕28 号文件印发施行。全区各级政府加强饲料和饲料用粮的供应保障,推动豆粕减量替代,强化饲料科技创新、质量提升和绿色环保。饲料企业工业化属性不断强化,机械智能化、管理规范化、产销数据化持续推进,企业间联合互补发展态势明显,与全区经济发展的互动关系进一步增强。

2021 年,严把专家审核流程和考核评价机制,召开了宁夏饲料生产许可专家审核委员会新任专家座谈会,制定了

《宁夏回族自治区饲料和饲料添加剂生产许可现场审核专家管理办法（试行）》及《宁夏饲料和饲料添加剂企业生产许可材料审查与现场审核工作程序》，编制印发了《饲料行业法律法规选编口袋书》，进一步规范和强化了专家及生产许可审核要求，促进企业设备更新和技术改造，提升了饲料安全生产能力。

2022年，在例行监测基础上，逐步扩大监测范围，除了对饲料企业和规模养殖场的全覆盖外，今年新增了对饲料经销点及部分自配料养殖场的监测，对检测不合格样品，依法进行处罚和跟踪限期整改。开展"绿剑"专项整治行动，对饲料原料、自配料、药物饲料添加剂退出进行专项整治，联合基层监管部门和基层农业综合执法大队、公安、市场监管等部门，坚决杜绝"瘦肉精"、含促生长类药物饲料添加剂、抗菌药物等违法添加物等问题，从市场上发现问题，倒逼企业改进。组织自治区抽检226批次，饲料质量安全监测合格率达到99%。

2023年，全区各级饲料管理部门均组织2次以上检查，共出动1 768人次，对全区所有饲料生产企业及饲料经销店进行了全覆盖拉网式检查。编制印发了《宁夏饲料企业安全生产指南》口袋书1 000册，坚决守牢饲料行业安全发展底线。

二、饲料生产

（一）经营主体培育

在国家饲料法规和科技进步推动下，经过对饲料企业国营、集体所有制经营体制的改制，股份制和个体独资企业逐步成为主体。1998年之后，国内外饲料集团公司看中宁夏独特的水土光热资源条件和发展畜牧水产业的优势，相继在宁夏投资（入股改制）建厂，先后建成宁夏大北农科技实业有限公司、银川正大有限公司、宁夏新希望反刍动物营养食品有限公司、银川康地反刍动物营养科技有限公司、宁夏银川通威饲料有限公司、宁夏大成永康营养技术有限公司、宁夏昊胜傲农饲料科技有限公司、宁夏伊康元生物科技有限公司等饲料企业，以及宁夏紫光天化蛋氨酸有限责任公司、宁夏京成天宝饲料添加剂有限公司等饲料添加剂生产企业，借助集团公司在资本、管理、技术、人才等方面的优势，新建企业在增强发展能力、融入养殖大产业、打造全产业链方面开始尝试。

全区饲料产业集中度逐步提高、产品质量稳定向好。2010年、2015年、2019年、2023年全区饲料企业总数分别为187个、49个、67个、93个，其中配合饲料企业分别为166个、30个、38个、46个；饲料添加剂企业分别为6个、10个、10个、20个；单一饲料企业分别为15个、9个、19个、27个。宁夏饲料企业中被评为国家级农业产业化龙头企业2家、自治区级10家。

1. 配合饲料企业（含添加剂预混合饲料、浓缩饲料、精料补充料）

2019年全区有配合饲料企业38家，年饲料产销量达到10万吨以上的企业2家、3万吨以上的企业7家、1万吨以上企业16家。重点企业有宁夏大北农科技实业有限公司、银川正大有限公司、宁夏正旺农科产业发展集团有限责任公司、宁夏新希望反刍动物营养食品有限公司、宁夏隆昌饲料有限公司、银川东方希望动物营养食品有限公司、宁夏大成永康营养技术有限公司、宁夏昊胜傲农饲料科技有限公司、宁夏伊康元生物科技有限公司、银川康地反刍动物营养科技有限公司等。此外、宁夏顺宝现代农业股份公司、中卫市正通饲料有限公司、宁夏犇牛饲料有限公司等企业生产的蛋禽、生猪、奶牛饲料大部分供本企业养殖场使用。

2. 饲料添加剂企业

2019年有企业10家，饲料添加剂总产量达到1万吨以上企业4家，主要产品有氨基酸（赖氨酸、苏氨酸、色氨酸、蛋氨酸）、矿物质（氧化锌）、维生素等。主要企业有宁夏伊品生物科技股份有限公司、宁夏紫光天化蛋氨酸有限责任公司、宁夏京成天宝饲料添加剂有限公司、宁夏启元药业有限公司等。

自2016年宁夏紫光天化蛋氨酸项目投产后，宁夏饲料添加剂年出口量稳定在10万~12万吨，出口额12亿元左右（表3-1至表3-3）。

表 3-1　2010—2014 年全区饲料添加剂出口情况统计

项目	2010 年	2011 年	2012 年	2013 年	2014 年
出口量/万吨	0.62	3.49	3.49	3.34	4
出口额/亿元	7.37	4.55	4.54	4.4	4.2

表 3-2　2015—2019 年全区饲料添加剂出口情况统计

项目	2015 年	2016 年	2017 年	2018 年	2019 年
出口量/万吨	8.58	—	16.11	14.81	12.21
出口额/亿元	8.16	—	9.40	14.27	8.73

表 3-3　2020—2023 年全区饲料添加剂出口情况统计

项目	2020 年	2021 年	2022 年	2023 年
出口量/万吨	13.14	15.41	8.43	11.18
出口额/亿元	10.33	13.73	11.94	11.79

3. 单一饲料企业

2019 年有企业 19 家，主要产品为氨基酸渣、喷浆玉米皮、玉米蛋白粉、发酵果渣、腐殖酸钠等。单一饲料年产销量过 1 万吨的企业主要有宁夏伊品生物科技股份有限公司、宁夏玉蜜淀粉有限公司、宁夏泰和润生物科技有限公司等。

2023 年有企业 27 家，主要产品为腐殖酸钠、玉米蛋白粉等，单一饲料年产销超过 1 万吨的企业主要有宁夏伊品生物科技股份有限公司、石嘴山市海源化工厂等。

(二) 饲料产量

1995 年，全区各类饲料加工企业 184 个，年单班生产能力 24 万吨，其中年生产能力 4 000 吨以上的企业 14 个，占 7.5%；2 000~4 000 吨的企业 31 个，占 16.6%；2 000 吨以下的企业 142 家，占 75.9%。按地区分，银川市、石嘴山市、银南地区、固原地区饲料加工企业分别为 44 个、22 个、76 个、42 个，年产能分别为 10 万吨、2.77 万吨、6.61 万吨、4.62 万吨。按系统分，粮食系统、畜牧系统、农垦系统、其他（专业户）饲料加工企业分别为 19 个、129 个、11 个、25 个，年单班产能分别为 10 万吨、8.4 万吨、2.3 万吨、3.6 万吨（表 3-4，表 3-5）。

表 3-4 1985—1995 年全区饲料产量产值统计

项目	1985 年	1986 年	1987 年	1988 年	1989 年	1990 年	1991 年	1992 年	1993 年	1994 年	1995 年
产量/万吨	5	7	8	9.7	13.7	9.5	8.9	9.3	18.3	12.7	16.5
产值/亿元	0.12	0.24	0.35	0.4	0.5	0.66	0.67	0.81	1.08	1.25	2.87

表 3-5 重要年份全区配合饲料（含浓缩料、精补料、预混料）产量、产值统计

项目	1985 年	1990 年	1995 年	2000 年	2005 年	2010 年	2015 年	2019 年
产量/万吨	5	9.5	16.5	31	51.2	72	37	72.4
产值/亿元	0.12	0.66	2.87	5.3	9.7	17.17	13	22.15

2019 年，全区饲料企业配合饲料（含添加剂预混合饲料、浓缩饲料、精料补充料）年产能达到 260 万吨，其中反刍饲料年产能达到 140 万吨；饲料添加剂年产能 80 万吨；单一饲料年产能达到 50 万吨（表 3-6）。

表3-6 2019年全区5市配合、添加剂、单一饲料产量产值

项目	银川市	石嘴山市	吴忠市	固原市	中卫市
配合饲料产量/万吨	43.9	2.7	22.76	0.38	2.68
配合饲料产值/亿元	13.33	0.83	6.98	0.15	0.86
饲料添加剂产量/万吨	24.21	0.02	2.2	0	5.53
饲料添加剂产值/亿元	15.64	0.28	1.56	0	9.02
单一饲料产量/万吨	18.84	0.24	1.23	0.19	0.02
单一饲料产值/亿元	3.5	0.07	0.46	0.04	0.1

2019年全区配合饲料产量比1985年增长12.5倍。

2023年全区饲料总产量达到197万吨，总产值达到96亿元，同比增长15.88%和5.49%。其中：奶牛饲料达到68.39万吨、肉牛饲料达到11.96万吨、肉羊饲料达到20.3万吨，与去年相比，分别增长了28.5%、2.57%、2.73%，对提高畜牧养殖业提质增效和绿色高质量发展发挥了重要作用（表3-7）。

表3-7 2023年全区5市配合、添加剂、单一饲料产量产值

项目	银川市	石嘴山市	吴忠市	固原市	中卫市
配合饲料产量/万吨	57.78	3.80	35.55	0.26	0.85
配合饲料产值/亿元	22.52	1.18	12.51	0.07	0.30

（三）饲料产品结构

1995年、2010年、2015年、2019年全区生产的配合饲料中猪料分别占15%、18%、12%、16.3%；蛋禽料分别占30%、14.3%、22%、8.9%；肉禽料分别占20%、18.1%、

11.7%、6.2%；反刍（牛羊）料分别占15%、38.6%、42.1%、68.6%；水产料分别占20%、11%、12.2%、5%。全区商品饲料中，配合饲料、浓缩饲料、添加剂预混合饲料产销量，适应养殖业的需求，在不同阶段有明显变化（表3-8）。

表3-8　重要年份全区饲料产品结构统计

项目	2006年	2010年	2015年	2019年	2023年
饲料总产量/万吨	53.6	72	37	72.42	197
饲料总产值/亿元	12.9	18.7	13	22.15	96
配合饲料产量/万吨	45.93	59.96	29.3	49.21	98.24
浓缩饲料产量/万吨	6.58	10.1	6	21.81	31.36
预混合饲料产量/万吨	1.17	1.94	1.7	1.41	5.61

第四章

奶牛疫病防治

第一节 奶牛疫病的种类及防治

在宁夏地区,奶牛主要发生的传染病有牛传染性胸膜肺炎、牛瘟、炭疽、布鲁氏菌病、口蹄疫,寄生虫病有牛环形泰勒焦虫病,内科病有前胃迟缓,产科病有子宫内膜炎、乳房炎,营养代谢病有酮病、母牛爬卧综合征等疫病。

一、传染病

(一) 牛传染性胸膜肺炎

牛传染性胸膜肺炎又称牛肺疫,是由丝状支原体丝状亚种引起的接触性传染病。以纤维素性肺炎和胸膜肺炎为特征,该病主要由于健康牛与病牛直接接触,通过呼出的气体或咳出的气沫经呼吸道传染。

1. 流行情况

1949年前和20世纪50年代,《宁夏新农政》一书曾有接种疫苗防治牛肺疫的记载。1941—1945年,当时的宁夏兽疫防治站接种牛肺疫疫苗2 325头,2/3的免疫牛获得了免疫性。

20世纪60年代,牛肺疫疫情在我国蔓延流行,宁夏也遭波及。1963年,中卫县、同心县相继发生牛肺疫,中卫县西园乡因牛肺疫死牛1头、同心县韦州乡发病死亡9头。

1964年，贺兰县金贵乡从内蒙古外购的耕牛发生疫情，发病死亡1头，继而传染本地耕牛发病死亡3头。疫情发生后，自治区兽医诊断机构通过病料培养，分离到了牛肺疫病原·丝状支原体丝状亚种，从而在宁夏首次确诊牛肺疫。通过封锁疫区、紧急免疫接种、用914治疗病牛、严格消毒等一系列综合防治措施，很快扑灭了疫情。1965年后，宁夏再未发生牛肺疫疫情。1968年，宁夏停止牛肺疫菌苗注射。

1986—1990年，宁夏兽医工作站分别在中卫县、惠农县、贺兰县、西吉县、宁夏家畜改良站、国营灵武农场、吴忠市、永宁县、国营平吉堡奶牛场等地采用补体结合反应方法进行牛肺疫抽检，共抽检奶牛746头，阳性92头，阳性率12.33%，可疑41头，可疑率5.5%。其中，1987年，在中卫县抽检奶牛71头，黄牛130头，全部阴性。

1988—1990年，在惠农县抽检奶牛111头，黄牛39头，全部阴性；贺兰县抽检奶牛237头，阳性52头，可疑24头，黄牛155头，阳性32头，可疑7头；西吉县抽检黄牛126头，阳性56头，可疑12头；宁夏家畜改良站抽检奶牛48头，阳性2头，可疑2头；国营灵武农场抽检奶牛151头，阳性16头，可疑12头；吴忠市抽检奶牛114头，阳性13头，可疑2头；永宁县抽检奶牛6头，阳性4头；国营平吉堡奶抽检奶牛8头，阳性5头，可疑1头。经现场调查，永宁县奶牛养殖户的个别血检阳性牛有疑似牛肺疫的临床症状，如体温升高、呼吸困难、鼻流脓性分泌物，胸部触诊有痛感消瘦等，但未进一步确诊。

1992年12月，宁夏畜牧局下发了《宁夏消灭牛肺疫实施方案》，根据方案，1993—1994年，全区进行牛肺疫流行病学调查和血清学检测，据1994年进行补体结合反应复查的11个县（市区）和3个国有农牧场的不完全统计，共临床检查牛14 965头，未发现疑似牛肺疫疫情和疑似病发生的报告。

1992年1月至1994年8月贺兰县剖检11头临床死亡病牛，也未发现疑似牛肺疫病变。1993年，共检全区19个县（市区）和国营农牧场血清2 962份，检出阳性37份，其中强阳性4份。

1994年，复检上年度查出阳性血清及同心、中卫、固原3个老区县血清981份，仅查出固原县2份血清呈阳性。经过对1993年检测出的4头强阳性牛和1994年检测出的2头阳性牛的组织分离培养，均未检出牛肺疫病原，同时将采取的组织送中国农业科学院哈尔滨兽医研究所进行病原分离，也未分离到丝状支原体。

1994年12月，农业部消灭牛肺疫考核验收组苏增华一行对宁夏牛肺疫防控工作进行考核，通过查阅资料、座谈、听取汇报、实地检查等方式，考核组认为"该自治区消灭牛肺疫措施得力，材料齐全，数据充分，按照农业部〔1992〕农牧字第13号文件规定，已达到消灭牛肺疫标准"。这是宁夏继1954年消灭牛瘟以来，消灭的第二个畜间传染病。2001—2013年，宁夏在全区各县每年采集500份牛血清送中国农业科学院哈尔滨兽医研究所进行血清学监测，共计监测

6 500份，结果全部为阴性。

2. 防治情况

宁夏最早的牛肺疫防治工作始于20世纪40年代，由当时的宁夏兽疫防治站在银川周围地区进行牛肺疫菌苗预防接种。1949年后，宁夏逐步建立了各级兽疫防治工作体系，在1952年、1955年、1957年、1959年和1961—1968年12个年份中主要对银川地区、银南地区等老疫区和新购入耕牛进行免疫接种，先后使用牛肺疫弱毒菌苗、牛肺疫兔化弱毒菌苗、牛肺疫兔化绵羊适应弱毒疫苗、牛肺疫兔化藏系绵羊化弱毒冻干疫苗等疫苗进行免疫，累计免疫8.33万头次。由于宁夏不断使用最新、最先进的牛肺疫疫苗进行大规模免疫，有效地控制了疫情的发生和流行。1968年，宁夏停止了牛肺疫免疫预防接种，是国内最早停止注苗的少数省区之一。

（二）牛瘟

牛瘟（俗称烂肠瘟或胆胀瘟等）是牛瘟病毒引起牛的一种急性、热性、败血性、高度接触性传染病，以黏膜特别是以消化道黏膜炎性、坏死为特征。

1. 流行情况

1925年，该病在泾源县暴发流行，造成"十栏九空"的悲惨景象。1930年，隆德县山河镇一带发生牛瘟，传播迅速，死亡严重。据《宁夏资源志》记载："宁夏因僻外边隅，农村一般农民对于家畜卫生类多不事请求，牛瘟时有所闻，故牛之死亡率较高，就民国二十七年（1938年）贺兰通昌（今潘昶乡新渠村）牛瘟调查，其死亡率多达90%，平常年间牛之死亡率，亦达 20%。"1943—1944 年，陕甘宁边区牛瘟流行，西吉县乐峰等地农村发生牛瘟，造成百余头牛死亡。《宁夏民国日报》报道："牛瘟在本省（不包括今固原市）内普遍流行，死亡甚多，危害巨大，民众对之极为恐怖。"

1950—1953 年，牛瘟在隆德、海原、西吉、泾源、利通、盐池、沙坡头区、永宁、贺兰、平罗 10 县区发生，发病疫点 151 个，发病牛 995 头，死亡牛 838 头，致死率 84.22%。其中，1950 年 2 月，泾源县泾北、兴盛、泾河源 3 乡 7 村流行牛瘟，发病 204 头，发病率 1.94%，死亡 178 头，致死率 87.25%。1953 年，贺兰县发生牛瘟，死亡牛 144 头。1954 年后，宁夏境内再未有牛瘟的发生与流行。

2. 防治情况

1941—1945 年，国民政府农林部西北兽疫防治处宁夏兽疫防治站在永宁、贺兰、平罗、阿拉善左旗等地使用山羊化牛瘟弱毒疫苗进行区域性免疫接种，共免疫接种 7 528 头次，取得了一定的防治效果。1943—1944 年，陕甘宁边区流行牛瘟时，陕甘宁晋绥五省联防司令贺龙指示边区兵工厂、边区政府交际处、白求恩国际和平医院等单位协同光华农场技术干部制造牛瘟脏器苗和高免血清，用于牛瘟的免疫治疗，扑灭了牛瘟。1945 年 5 月，宁夏农林处与西北兽疫防治处在银川举办"兽疫防治人员培训班"，由西北兽疫防治处代处长胡祥壁先生主讲《山羊牛瘟病毒之原理及应用方法》，为本区培养了 34 名兽疫防治技术骨干，随即成立了 6 人参加的牛瘟防治队，加强了牛瘟防治的科普宣传，增强了人们对牛瘟的认识。1947年，西北兽疫防治处试验成功了兔化牛瘟弱毒苗，在银川宁安奶牛场进行区域试验，随后在银川、贺兰、永宁推广应用。

1949年后，新中国政府对牛瘟防治极为重视。1950年，发布了《扑灭牛瘟暂行办法（草案）》，宁夏也相应制定了消灭牛瘟方案，自制牛瘟兔化弱毒苗进行免疫预防接种，从1949—1954年先后在永宁、贺兰、平罗、惠农、阿拉善旗等地免疫接种牛只17.09万头次，通过实施大面积的免疫接种、用抗牛瘟血清治疗病牛、隔离封锁疫区、严格消毒、净化病原等一系列技术措施，有效地控制了宁夏牛瘟的发生和流行，于1954年消灭了牛瘟。

（三）炭疽

炭疽是由炭疽杆菌引起的人兽共患的一种急性、热性、败血性动物源性传染病。特征为脾显著肿大，皮下和浆膜下结缔组织出血性胶样浸润，血液凝固不良、呈煤焦油样，天然孔出血，死后尸僵不全。健康动物经消化道感染，也可经皮肤和呼吸道感染。炭疽病可呈地方流行，一般为散发。

1. 流行情况

1949年，同心县下马关2头牛因患炭疽而死亡，在此之后的40年内该病接连不断发生，共计有发病牛3 300头，死亡牛2 305头，是该区危害严重的牛疫病之一。

1949—1959年，牛炭疽在区内呈地方流行性，计有同心、盐池、灵武、青铜峡、永宁、银川郊区贺兰、平罗、惠农、西吉、固原、海原、隆德等13个县市郊区有该病流行，

214村发生该病,发病牛2 629头,死亡740头,年平均发病239头牛,死亡67头。

1969—1991年,该病在区内零星散发,年平均有发病牛22头,死亡18头,其危害程度逐年下降。

1990年后,宁夏牛炭疽发病死亡数量急剧下降,呈点状散发趋势。1990—2012年,宁夏发生牛炭疽12起,发病牛55头,死亡49头。

2. 防治情况

宁夏从1950年起就开展了无毒炭疽芽孢菌苗预防接种工作,首先在疫情重的个别县进行,以后逐渐扩大接种面,免疫密度随之提高,1950—1959年,免疫牛32.07万头,通过较大数量的免疫,对控制20世纪50年代炭疽的流行起到了决定性的作用。同时开展了大量宣传工作,使群众认识到炭疽病的危害性,达到群防群治的目的。

1960—1969年,主要接种无毒炭疽芽孢苗和Ⅱ号炭疽芽孢苗。全区免疫牛77.78万头,平均免疫密度为31.03%,通过多年连续大面积的疫苗预防,炭疽的发病死亡数明显下降;1970—1979年,免疫牛70.29万头,平均免疫密度29.11%,牛、羊的免疫范围逐渐缩小。

1981—1989年,动物炭疽在区内零星散发,因此防疫方式也发生变化。根据发病疫点重新划定新的疫区,实行因病设防,以减少防疫的盲目性和经费开支。免疫牛20.33万头,平均免疫密度为9.83%。

1990—2012年,采取因病设防的防疫措施,对新老疫点周围 3 000 米范围内的易感动物实施连续 3 年的免疫，累计对 22 个疫点免疫，其中免疫牛 19 706 头。

1990 年后，畜间、人间发病急剧减少，多数炭疽病例人间发病到医院治疗确诊后，追溯到由剥食病死畜而引起。因而加强对病死畜无害化处理，对防止炭疽发生非常重要。通过采取综合性防治措施，炭疽在宁夏已被稳定控制。

（四）布鲁氏菌病

布鲁氏菌病是由布鲁氏菌属的细菌引起的人兽共患传染病。其特征是生殖器官和胎膜及多种组织发炎、坏死，形成肉芽肿，引起流产、不育和各种组织局部病灶。感染动物会在尿液、奶、胎盘和流产产物中排泄布鲁氏菌，布鲁氏菌在自然环境中生存力较强，可在冻肉及奶制品中存活数周甚至数月。布鲁氏菌既可感染家畜和野生动物，又能感染人。宁夏有牛、羊、猪的发病记载，人间感染也较严重。

1. 流行情况

1962 年，全区共检疫奶用牛 1978 头，检出阳性 283 头，感染率为 14.31%；牛布鲁氏菌的感染与其他畜间、人间布鲁氏菌感染密切相关。20 世纪 50 年代末至 60 年代初，畜间感染率高达 5.35%~21.88%，人间感染率也高达 17.03%。

1963 年，宁夏首次从患布鲁氏菌病的奶牛体中分离得到。随后从病牛体中分得 14 株，经鉴定属牛 1、3、4、5、6、7 型。其中，牛 5 型为国内首次分离。从 20 世纪 50 年代初期开始，开展畜间布鲁氏菌调查，50 年代，牛布鲁氏菌的感染率为 46.43%（13/28）。60 年代，银川郊区、平罗、石嘴山、中宁、隆德等县市有155头牛感染布鲁氏菌，其中有10头流产，淘汰20头。10年间牛的平均感染率为6.8%。70年代，银川郊区、石嘴山、平罗、中宁等4县市零星散发牛布鲁氏菌，共计有150头牛感染，宰杀淘汰92头，10年间平均感染率为3.182%。80年代，感染205头牛，宰杀淘汰107头，平均感染率为1.21%。1987—1989年，银川郊区和平罗、中宁县共有8个乡发生牛布鲁氏菌，共计有14头牛感染，其中淘汰8头病牛。

2002—2012年，全区用血清学方法检测奶牛538 881头，检出阳性4 013头，平均阳性率0.74%，扑杀阳性牛1 852头。

2. 防治情况

布鲁氏菌病的防治工作主要抓了三个环节。①预防接种。1966—1968年，接种19号菌苗0.17万头次。1980年后，再次开展牛布鲁氏菌的预防接种，连续10年用布鲁氏菌猪2号弱毒苗（S2苗）饮水免疫，免疫16.81万头次，免疫密度为2.68%~25.43%。鉴于全区坚持了以畜间免疫为主的综合性防治措施，自1960年后期以来，再未发生人畜间布鲁氏菌病的暴发流行。②定期检疫，淘汰阳性畜。1960年，在惠农县检查奶牛97头，阳性12头，阳性率12.37%，处理阳性牛10头。在1960—1989年的29年中（1961年因故停检）连年检疫，共计检疫牛只60 185头，检出阳性牛832头，平均阳性率为1.38%，处理阳性牛436头。1960—1989年，牛布鲁氏菌阳性检出率呈下降趋势，到1989年，已降到0.21%，达到国家布鲁氏菌控制区标准。③疫情监测。自治区在布鲁氏菌病达到国家控制标准后，1981年之后，布鲁氏菌病疫情监测转为常规工作。每年选择一定的县，从中选3个自然村，检查人间和畜间布鲁氏菌防制情况，掌握疫情动态。从1984年开始，全区建立了监测系统，制定了监测方案，以畜间流产率增高的地区为重点进行定向监测，并由宁夏兽医站每年选3个县、3个乡、9个自然村进行不定向监测，每年轮换进行。通过畜间免疫、检疫、监测、淘汰阳性畜为主的综合防控措施，宁夏畜间布鲁氏菌病防控工作取得了显著成绩。1978年，平罗县经中央地方病领导小组办公室考核验收，确认为全国首批达到控制布鲁氏菌病的县市之一，也为宁夏第一个基本控制布鲁氏菌病的县。

1990年后，由于家畜饲养量增加，活动物调运频繁，饲养方式改变等，加之检疫监测面小，使得布鲁氏菌在畜间感染有所抬头，奶牛的阳性检出率为0.6%~1.88%。由于扑杀补偿经费不足，布鲁氏菌阳性畜淘汰及无害化处理率不到50%。与此同时，2008年以后，人间病例逐年上升，2013年，达到600例以上。人畜间布鲁氏菌病防治工作难度加大。

（五）口蹄疫

口蹄疫俗名"口疮""蹄癀"，是偶蹄兽的一种急性、热性、高度接触性传染病。其临床特征是在口腔黏膜、蹄部和乳房皮肤出现水疱及溃烂。病畜的水疱液、乳汁、尿液、口涎、泪液和粪便中均含有病毒。该病入侵途径主要是消化道，也可经呼吸道传染。病毒能侵害多种偶蹄动物，以牛、羊最易感。

1. 流行情况

1950年10月，首先在盐池、海原两县发生牛口蹄疫，之后传入中宁、同心、陶乐等县，发生疫点243个，发病牛2 164头，死亡63头，致死率2.91%。1951年疫情扩大，波及全区17个县市，疫点增，加到1 213个，发病牛62 262头，死亡1 125头，致死率为1.81%。1950年12月至1951年5月，盐池、灵武、同心、中卫、中宁、宁朔（现青铜峡）、贺兰、平罗、陶乐、惠农10县，共有29 585头牛发病，发病率为61.08%，死亡787头，致死率为2.66%。此次口蹄疫由新疆传入，在全区大面积暴发流行，于1951年11月基本扑灭，造成了极大的经济损失。1952年，永宁、惠农、吴忠、固原4县的局部地区仍有该病发生，疫点75个，发病4 045头，死亡28头，致死率为0.69%。到8月底，疫情完全扑灭。本次流行后，从1953—1978年，宁夏连续26年没有发生牛口蹄疫。1979年，平吉堡奶牛场有7头奶牛发生口蹄疫，发病率1.17%，病毒为O型。

2. 防治情况

宁夏口蹄疫的防治大致分为3个阶段。1980年以前为第一个阶段。根据"早、快、严、小"的原则，对疫区进行封锁、隔离、消毒，对病畜进行隔离治疗，防止疫情扩散。对受威胁区的易感动物进行紧急预防接种，建立免疫隔离带，防止疫情传出传入。严格控制由外省、自治区调入动物及其产品，必须调入时，要指派兽医前往调入地了解疫情，认真检疫，确认为无疫区时方可调入。加强与外省区特别是毗邻省区的情报互通，随时掌握外省区特别是周边省区的疫情情况，搞好联防协作。1980—1998年为第二个阶段。自治区成立了防治指挥部及办公室，各市县政府也成立了相应的机构，并投入工作。实行以扑杀为主的综合性技术措施，即对病畜及同群畜强制扑杀，无害化处理，建立免疫带（1996—1998年除外）；推行定点屠宰，集中检疫，加强外调畜产地检疫工作，严把检疫关，切断疫情传播途径；设立公路消毒站，杜绝疫源扩散；全面进行疫情普查，全方位消毒，查源灭源；加强对老疫点及周围的易感动物的抗体监测工作。完善行政措施与技术措施结合，保证组织到位，效果确实。加强乡镇畜牧兽医站建设，增加经费投入，保证防疫措施落到实处。1999年以后为第三个阶段。推行以免疫为主的综合性防治措施，其核心是以全面免疫为主，实行"五强制，两强化"。贯彻执行《中华人民共和国动物防疫法》《宁夏回族自治区动物防疫条例》《宁夏回族自治区牲畜口蹄疫防治办法》等法律法规，依法制疫。建立和完善应急指挥系统，出台应急预案，提高资金能力。加强动物防疫机构和队伍建设，不断提高防疫水平。加大资金投入力度，保证各项措施落实到位。

二、寄生虫病

牛环形泰勒焦虫病

牛环形泰勒焦虫病是由泰勒虫科泰勒虫属的牛环形泰勒

虫寄生于牛的巨噬细胞、淋巴细胞和红细胞内所引起的疾病。该病是一种季节性很强的地方流行病，多呈急性经过，以高热、贫血、出血、消瘦和体表淋巴结肿胀为特征，发病率高，病死率大，可使养牛业遭受严重的损失。

1. 发生情况

20世纪50年代初，每年5—8月，宁夏银川平原的犊牛和从陕北新购入的牛，常发病死亡。1954年6月，灵武农场的牛陆续发病154头，死亡46头，经做血液涂片送西北畜牧兽医学院，确诊为牛环形泰勒焦虫病。1958—1972年，据惠农县统计，共发病2 080头，死亡1 812头。1960年，西北畜牧医研究所与自治区农业厅畜牧局、宁夏农业科学研究所协作，对宁夏家畜牛环形泰勒焦虫病病原分布及流行学特性进行了调查。结果表明，泰勒焦虫分布于黄河灌区及两侧的半荒漠草原地带；中卫、中宁、吴忠、灵武、永宁、银川、贺兰、平罗和石嘴山各县、市为泰勒氏焦虫的固定流行区。其牛的保虫率为22.2%~52.2%，平均为35.03%。其中，石嘴山、灵武和银川较高。牛群在4~12岁保虫率最高。本地牛的发病率为12.10%，死亡率为11.80%；外地引入牛群发病率为61.0%，死亡率为31.04%。发病期为每年的5—8月，而6—7月占发病的72%。1961年，对传播焦虫病的硬蜱进行调查研究，发现宁夏硬蜱有4属8种为牛泰勒焦虫的传播者。其中，缺缘璃眼蜱是主要传播者，并观察了其地理分布、季节消长规律和在各种畜体上的寄生部位。除盐池以外，宁夏牛泰勒焦虫病的发生区域与虫原传播者——缺缘璃眼蜱的分布区域是一致的。

20世纪80年代随着奶牛业的发展,牛环形泰勒虫病几乎全部发生于奶牛中,给奶牛生产造成巨大损失。1986年,吴忠金银滩农场发病牛5头,死亡3头。良繁场养殖户饲养奶牛3头,发病2头,全部死亡。1987年,青铜峡市叶盛、蒋顶2个乡有6头牛感染焦虫病,死亡2头。据1953—1988年统计,宁夏累计牛发病8 565头,死亡2 539头,致死率为29.64%。50—60年代,疫点分别为245处、193处,发病2 179头、4 042头,死亡1 154头、841头,致死率52.96%、20.80%。70—80年代,疫点分别为220处、96处,发病1 500头、839头,死亡425头、120头,致死率28.33%、14.30%。1997年12月中旬,引黄灌区某奶牛场一群成年母牛在1周内不同程度出现食欲欠佳,精神差,瘤胃蠕动减弱,体温升高(40.2~41.8℃),呼吸48~60次/分,心率92~110次/分,体温曲线表明为高温稽留,用抗生素治疗无效。后经实验室血抹片检查红细胞染虫率为4%~8%,诊断为环形泰勒焦虫。共发病12例,经治疗11例痊愈,1例死亡。2004年利通区有4头牛发病。

2. 防治情况

(1)消灭传播媒介。曾用"六六六"、敌百虫、蝇毒磷、敌杀死等杀灭牛体和圈舍中的蜱。另外,用敌百虫1 000毫升和阿托品1毫克混合后皮下注射,也可杀死牛体上寄生的吸血蜱。灭蜱越彻底,防治效果越显著。

(2)药物防治。1954年、灵武农场用高锰酸钾水溶液灌服或配以福白龙、奎宁,效果很好。1959年,先后使用过纳嘎宁、锥黄素、安锥塞、雷夫如尔、台盼诺尔、台盼蓝、黄色素等药物,对发病初期牛有一定疗效。1960年,宁夏农业科学研究所用7种化学药物预防牛环形泰勒焦虫试验,筛选出纳嘎宁进行预防注射,效果较好,无副作用,是当时认为较理想的药物,对控制牛的环形泰勒虫病起到一定作用。1964年,宁夏化工研究所合成生产出"敌焦灵"(磺胺苯甲酸钠),对该病疗效良好。1974年,兰州兽医研究所和平罗县畜牧兽医站协作,用牛环形泰勒焦虫裂殖体胶冻细胞苗在黄渠桥和渠口2个公社接种105头牛,保护率98.5%(胶冻细胞苗100万个/升活细胞数、每头牛注射2毫升)。1975年,在黄渠桥、二闸、头闸、高庄、惠北5个公社和县奶牛场共接种594头牛,其中外来牛287头,1~4岁犊牛277头,奶牛30头,结果在整个流行季节无1头发病。1976年,在平罗县15个公社用牛环形泰勒焦虫裂殖体胶冻细胞苗接种牛393头,其中发病6头,发病率占1.5%,保护率占98.5%(所用疫苗是中国农业科学院兰州兽医研究所制备的18代苗,含110万个/毫升活细胞,剂量1毫升)。1977年,宁夏农业科学研究所继续以平罗县疫区为重点进行试验,所用疫苗的代次从原来15代、18代、21代制苗,提前到8代、9代,全县共注苗442头牛,发病牛9头,死亡2头,保护433头,保护率97.96%。1976年,应用宁夏农业科学研究所兽研所研制成功的磷酸伯氨喹啉治疗牛环形泰勒虫病,安全剂量0.75~1.5毫克/千克,1次/天,连用3~5天,有很好疗效。

此后，该药在宁夏及其他焦虫病发生省区推广应用。

（3）虫苗预防。1962—1965年，宁夏农业科学研究所畜牧兽医研究所发现牛环形泰勒焦虫经牛体继代可致弱，将继代含虫全血接种易感牛可获得一定程度的"带虫免疫"。1974—1977年，中国农业科学院兰州兽医研究所与宁夏农业科学研究所畜牧兽医研究所协作，研究成功牛环形泰勒焦虫病裂殖体胶冻细胞苗，在疫区经过4年的试验，保虫率达98.0%以上。为我国提供了第1个家畜寄生虫病的疫苗。1981年，宁夏农业科学研究所畜牧兽医研究所在细胞苗中试研究的基础上继续改进，提高工艺，成批生产推广全国，成效卓著。到1989年，宁夏已推广免疫此疫苗7.55万头次，对控制区内牛环形泰勒焦虫病发挥了决定性作用。

三、内科病

前胃迟缓

前胃迟缓属于中兽医"脾虚慢草"的范围，是由于饲养不良，劳役过度，致使脾脏亏虚，水草迟细的一种疾病，是奶牛常发病之一。患病初期饮欲减少，反刍不足，嗳气酸臭，口色淡白，舌苔黄白，常常磨牙，粪便迟滞，其中混有消化不全的饲料，往往被覆黏液。后期排稀粪、味臭，食欲反刍停止。有的牛表现时轻时重，病程较长的牛则逐渐形体消瘦、被毛粗乱、眼球凹陷、卧地不起、瘤胃按之松软等。

1985年至1986年6月，宁夏隆德县家畜病院收治牛前胃弛缓、瘤胃积食等牛前胃病病牛57例，采用电针反刍组穴治愈50例，治愈率87.72%。2012年，西吉县动物疾病预防控制中心采用中西医疗法治疗前胃弛缓和慢性瘤胃积食牛201例，治愈190例，治愈率达到90%以上；隆德县凤岭兽医站应用健康牛瘤胃液促进恢复病牛瘤胃内微生物群系及其共生系，增强前胃消化机能治疗病牛30余头，收效显著，治愈率达99%以上。西吉县利用甘温除热法治疗各种牛前胃迟缓126例，其中原发性98例，继发性28例，治愈109例，治愈率87%。

四、产科病

（一）子宫内膜炎

子宫内膜炎是在母牛分娩时或产后由于微生物感染所引起的，是奶牛不孕的常见原因之一。根据病程可分为急性和慢性两种，临床上以慢性较为多见，常由急性未及时或未彻底治疗转化而来。发病原因多见于产道损伤、难产、流产、子宫脱出、阴道脱出、阴道炎、子宫颈炎、恶露停滞、胎衣不下以及人工授精或阴道检查时消毒不严，致使致病毒侵入子宫而引起。

1979年，宁夏农业科学研究所畜牧兽医研究所，宁夏平吉堡奶牛场用电针治疗奶牛持久黄体性不孕症。1985年、1986年，宁夏农业科学研究所畜牧兽医研究所用二氧化碳激光治疗奶牛不育症，怀孕率达到75%。1999年，宁夏农业科学研究所畜牧兽医研究所用乐利鲜 200 治疗奶牛脓性子宫内膜炎效果，经济、高效、安全，治愈率可达 100%，治愈后直把输精总受胎率为 100%。其中，情期受胎率 66.67%（8/12）。2008 年，宁夏四正生物工程中心，宁夏农业科学研究所种质资源研究所采用宫速清治疗奶牛子宫内膜炎。2008 年初至 2008 年 6 月，在贺兰县共收治子宫内膜炎 87 例。其中，脓性 30 例，卡他脓性 21 例，卡他性 36 例。有效率 100%，治愈率 95% 以上。

（二）乳房炎

乳房炎是奶牛常见的一种多发性疾病，其症状包括乳房实质、间质的炎症，通常表现为乳房有红、肿、热、痛等炎症表现，泌乳可能会减少或停止。奶牛乳房炎的病因主要包括机械性刺激、病原微生物侵入以及化学物理性损伤。无症状的隐性乳房炎高于临床型乳房炎，其发病率约占整个牛群的 50%。隐性乳房炎约 90% 是由链球菌和葡萄球菌引起的。

1984 年，宁夏农业科学研究所畜牧兽医研究所、自治区畜牧局、自治区农垦局、平吉堡奶牛场应用非特异性免疫增强剂，通过增强奶牛抵抗力来降低乳房炎发病率，在 2 天内效果比较显著，产奶牛隐性乳房炎发病率下降 11.1%。在高温季节，每月内服 1 次 LMS，连服 3 次，对控制发病率高峰有良好作用。过氧乙酸和 LMS 配合使用，隐性乳房炎发病率夏季下降 19.6%~29.4%；冬季下降 23.3%~30.7%，临床型乳房炎发病率夏季下降 15.2%，冬季下降 3.4%。2005 年，宁夏大学农学院对银川五里台养殖有限公司奶牛场 578 头泌乳期奶牛的检查。结果表明，临床型乳房炎奶牛占31%，隐性乳房炎头数阳性率达37%，乳区阳性率达31%。经过3个月的综合防治，隐性乳房炎奶牛治愈186头，治愈率为86.97%，临床型乳房炎奶牛治愈17头，治愈率为9.5%，治愈效果明显。

五、营养代谢病

（一）奶牛酮病

奶牛酮病是泌乳母牛的一种代谢性疾病。舍饲的高产牛发病率最高。因精饲料太多，粗饲料和碳水化合物不足引起。症状为厌食、沉郁、体重和奶量下降，乳、尿和呼出气中有酮臭。确诊以血清酮体含量明显升高、血糖浓度下降为据。

1988年，银川市某奶牛场大批奶牛酮病的诊断治疗。奶牛表现为上槽后呆立，食欲减退，泌乳量下降；30%左右的妊娠母奶牛发生瘫痪，30%的初生牛出现不明原因站立不起的情况。某园区从2001年6月至2002年6月共发生23例酮病，酮病发生率为8.04%。其中，临床型酮病发生6例，占酮病发生率的26%；亚临床型酮病发生17例，占酮病发生率的73.9%，发生率较临床型酮病高。对于确诊为酮病的病牛，采用静脉滴注25%葡萄糖和地塞米松制剂协同治疗有明显效果。在所发生的6例临床型酮病中，治愈率达100%，其余的亚临床型酮病也有明显效果。

（二）母牛爬卧综合征

母牛爬卧综合征是泌乳母牛临近分娩或分娩后发生的1

种以"倒地不起"为特征的临床综合征,常发生于低钙血性产后瘫痪之后。典型症状是病牛多在分娩后 72 小时内趴卧不起,经 2~3 次钙剂治疗后仍不能站立。常发生在产犊后的高产乳牛,此病虽然发生率较低,但导致奶牛的死亡率和淘汰率却相当高。

1986—1990 年,宁夏农学院兽医院收治 9 例母牛爬卧综合征;1989—1992 年,吴忠发生 26 例;1986—1995 年,贺兰、永宁发生 37 例。1992—1999 年期间,宁夏农学院用 10%葡萄糖 1 000 毫升、复方化钠溶液 1 000 毫升、地塞米松 10 毫升、维生素 C 50 毫升、20%安钠咖 20 毫升、5%氯化钙 500 毫升次静脉注射,并根据病牛的具体症状采用对症疗法,在临床上诊治 12 例母牛爬卧综合征的病牛,取得了明显疗效。

第二节　奶牛保健与疾病综合防治法制化时期

1986—1989 年,自治区人民政府制定颁布《宁夏回族自治区家畜家禽防疫实施办法》和《家畜防疫收费办法标准》。自治区畜牧局、自治区物价局出台《宁夏回族自治区畜禽医疗收费标准的通知》。自治区畜牧局印发《宁夏回族自治区活畜检疫程序》;自治区人民政府 1989 第 103 号文件要求各市县积极开展"定点屠宰,集中检疫,统一纳税,分散经营"工作。

1990—1999年，自治区畜牧局发出《兽药生产质量管理规范的通知》；自治区总工会、财政厅、劳动人事厅、卫生厅、畜牧局联合下发《关于统一畜牧兽医人员职业病待遇的通知》，通知中将布鲁氏菌病列为畜牧兽医工作者的职业病，在职布鲁氏菌病阳性者，每人每月发给保健津贴14元；自治区畜牧局下发《宁夏回族自治区动检技术项目管理奖评办法》。自治区畜牧局与工商局联合发出《进一步加强兽药整顿、搞好核（换）发"兽药生产许可证""兽药经营许可证""兽药制剂许可证"工作的通知》；《宁夏回族自治区畜禽疫病志》出版发行。自治区人民政府发布《宁夏回族自治区进出境动物及其产品加工、使用许可证管理办法》。银川市动物检疫站起草的《进口动物产品检疫监督管理技术规程》通过自治区技术监督局组织的专家评审并颁布实施。

2000—2009年，自治区人民政府发布第45号令《宁夏回族自治区牲畜口蹄疫防治办法》、46号令《宁夏回族自治区牛羊屠宰管理办法》、49号令《宁夏回族自治区饲料和饲料添加剂管理办法》。自治区人民政府下发《宁夏回族自治区重大动物疫病防治应急预案》；自治区人民代表大会常务公告发布《宁夏回族自治区动物防疫条例》；自治区农牧厅印发《关于在全区奶牛养殖户推行结核病和布鲁氏菌病健康合格证制度的通知》。自治区质量技术监督局通过《清真肉羊定点屠宰检疫技术规程》（DB64/T 301—2004）地方标准审定。

2010—2013年，自治区农牧厅制定《宁夏回族自治区兽药经营质量管理规范（GSP）实施细则》《宁夏回族自治区兽药经营质量管理规范检查验收办法》《宁夏回族自治区兽药经营质量管理规范（GSP）检查员管理办法》等文件，进一步规范了宁夏兽药经营质量管理工作；《动物无线射频标识技术要求》上升为宁夏地方标准。自治区农牧厅兽医局下发《宁夏兽用抗菌药物整治工作方案的通知》，对禁用兽药、拆零销售的原料药等重点产品和生产环节、经营环节、使用环节等重点环节的整治工作进行了安排。自治区质量技术监督局通过《动物包虫病防治技术规范》《动物疫情应急流行病学调查技术规范》《动物疫病样品采集技术规范》等地方标准审定；自治区十届人大常委会第29次会议通过《宁夏回族自治区动物防疫条例（修订草案）》《宁夏回族自治区兽医事业发展"十二五"规划（2011—2015年）》；自治区人民政府审议通过《宁夏回族自治区中长期动物疫病防治规划（2012—2020年）》；自治区农牧厅印发《宁夏回族自治区兽药使用质量管理规范的通知》，对宁夏兽药使用质量管理进行规范。自治区农牧厅成立"宁夏回族自治区动物卫生风险评估专家委员会"；自治区防治重大动物疫病指挥部办公室转发了利通区政府《利通区奶牛疫病防治管理办法》。

第五章

乳制品加工与流通

第一节 乳制品加工企业

1988年,宁夏人均鲜奶占有量6.7千克,生产各种奶粉2 955.3吨,城镇居民鲜奶敞开供应,自此,开启了以乳品企业带动的时代,使奶业发展成为农村区域经济的主导产业阶段。奶牛养殖开始由传统人工喂养向机械化方向发展,乡镇乳品加工企业异军突起。1989—1990年,宁夏农垦乳业股份有限公司在平吉堡、银川市和灵武安装了3台鱼骨式挤奶台和手推式挤奶车,改变了以往棚圈对尾式拴系饲养为场棚对头式颈夹饲养,为奶牛业实现机械化起到了示范作用。20世纪90年代初,乳品加工业开始发展,宁夏区域内先后建成乳品加工厂20余座,仅吴忠市就有以乡镇企业为主乳品加工企业12家,日处理鲜奶能力达到800吨,加工的主要产品奶粉畅销全国十几个省、自治区。2007年,银川市已有银川维维北塔乳业股份有限公司、银川市金河乳业有限公司、宁夏北方乳业有限责任公司、宁夏全味乳品有限公司、宁夏明旺乳业有限公司、宁夏熊猫乳品有限公司、宁夏亿美乳业有限公司、宁夏夏进昊尔乳品有限公司和宁夏银川市平吉堡酸奶厂9家乳品加工企业,日加工能力1 300吨,实际日加工970吨,年加工35.4万吨,主要产品为奶粉、液态奶、乳酸饮料三大系列20多个品种,95%的奶粉和60%的液态奶销往区外7个省份,乳酸饮料绝大多数在区内市场销售,银川市金河乳业有限公司开发生产的高档奶酪产品开始进入上海市场。

2023年，全区有乳品加工企业28家，其中具有代表性的乳企包括了宁夏夏进乳业集团股份有限公司、宁夏塞尚乳业有限公司、宁夏塞尚金河科技有限公司、宁夏伊利乳业有限责任公司、蒙牛乳业（宁夏）有限公司、蒙牛特仑苏（银川）乳业有限公司。

一、宁夏夏进乳业集团股份有限公司

夏进牛奶是宁夏牛奶品牌的象征。1992年9月宁夏夏进乳业集团股份有限公司（以下简称夏进乳业）成立，1994年从荷兰引进世界先进水平的灭菌塔设备，建成第一个"瓶装奶车间"生产车间，1995年"瓶装纯牛奶"投产。同年9月《中国食品报》《人民日报》刊发《我国最大灭菌奶生产企业在宁夏投产》的报道，引起业界极大关注。1997年，夏进乳业成为国内第一家从瑞典利乐公司引进利乐无菌灌装生产线的企业，主要生产利乐枕系列产品，产品符合市场和消费者需求，一上市就获得行业认可，企业品牌和知名度进一步提高。1998—2002年，夏进乳业不断引进先进生产设备，生产线增加至20条，年加工产能达到15万吨。夏进品牌在西北地区家喻户晓。

2000年，时任国家主席江泽民同志到夏进乳业视察，品尝夏进牛奶后题字"乳润中华"，对公司产品给予高度评价。2002年夏进液态奶居中国乳业第15位。2006年夏进品牌荣获商务部颁发的"最具市场竞争力品牌"殊荣。夏进产品市场占有率和知名度居行业前列。2015 年中国统计信息服务中心联合新华网、中国质量新闻网发布《2014 年度液态奶行业网络口碑报告》，对 20 个液态奶行业比较活跃的品牌进行监测研究。根据数据分析，网络口碑评选夏进乳业排名第六位，品牌知名度夏进乳业排名第三位，质量认可度方面，从价格、口感、质量等方面筛选，国内三大乳品品牌名列前三位，夏进乳业排名第七位。夏进乳业已成为乳品行业具有一定影响力的品牌。2016 年 5 月，中国品牌价值 500 强评审委员会揭晓第十届中国品牌价值 500 强榜单，夏进乳品跻身榜首，是宁夏两家入围该榜单企业的其中之一，品牌价值 90.16 亿元。2020 年，新希望乳业以 17.11 亿元的价格收购了夏进乳业，夏进乳业成为新希望乳业旗下全资子公司。2021 年。夏进乳业启动"5 年倍增计划"，即销售收入涨一倍、低温奶产品涨 2 倍、奶牛存栏量涨 3 倍的战略目标。2021 年 5 月 8 日，在第五个中国品牌日系列活动期间，夏进乳业等乳制品企业在"东方明珠"上海举办中国品牌日—宁夏品质中国行活动中积极参与推介活动。5 月 12 日，"乡味宁夏"推出穿行北纬 38°—探索一杯宁夏牛奶的诞生。2023 年 9 月 8 日，夏进乳业在银川市召开宁夏贺兰山产区高端牛奶产业发展论坛暨爵品战略升级发布会，正式推出高端牛奶品牌"夏进爵品"。

二、宁夏塞尚乳业有限公司

宁夏塞尚乳业有限公司（以下简称赛尚乳业）创立于

2010年3月，注册资金1.82多亿元，拥有生物膜分离技术、酶解技术、脂肪膜重构技术、相重组嵌合等核心技术，主要生产厚乳、全乳蛋白粉、稀奶油、奶油奶酪、夸克奶酪等深加工乳制品。2012年，塞尚乳业浓缩牛奶蛋白粉、稀奶油生产线正式投产，成为国内将膜技术应用到乳品精深加工领域的生产企业，实现了高附加值乳基配料生产"零"的突破。2014年塞尚乳业先后被宁夏回族自治区认定为"科技型中小企业"，获得"中国中小企业创新100强"称号。2019年，塞尚乳业顺利通过北京中大华远认证中心审核，取得质量管理体系认证（ISO9001）、乳制品危害分析与关键控制点的体系认证（HACCP）、食品安全体系认证（FSSC22000）认证证书，同年成为2019"丝绸之路"宁夏·银川国际马拉松赛事指定的乳制品赞助商。2020年，塞尚乳业成为咖门全程战略合作伙伴，推出"塞尚厚乳"品牌及系列产品，开启"厚乳"新品类时代。2023年，瑞幸咖啡联合茅台推出"酱香拿铁"在市场火爆出圈，塞尚乳业作为主要原料厚乳的生产商，借势进一步扩大了知名度。

三、宁夏塞尚金河科技有限公司

宁夏塞尚金河科技有限公司（以下简称金河科技）成立于1998年4月，是集饲草种植、奶牛养殖和全品类乳制品加工、销售、科研、质量管控及清洁能源等为一体全产业链现代化乳品科技企业，主要开展鲜乳、酸奶、希腊酸奶、乳酸菌生产与销售，并在华北、华东、华南拥有销售服务网络，是国家农业产业化重点龙头企业。金河科技被连续五年评为"宁夏3·15消费者信赖名牌"，全国守合同重信用单位、奶业脊梁企业，发酵酸奶品牌美誉度位于行业前列，先后荣获多项国家、省、市各级政府及行业殊荣。2016年6月，正式在新三板成功挂牌，成为宁夏乳制品行业首家上市公司，酸奶品牌"金河杞色酸奶"曾进入清华大学食堂，先后与京东、天猫等电商平台签约，成功实现向互联网+现代企业转型，近两年公司开发的浓缩牛乳蛋白粉、希腊式风味酸奶等新品成为国内首款自主研发的产品，填补了市场空白。

四、宁夏伊利乳业有限责任公司

2010年，伊利集团在吴忠市注册成立宁夏伊利乳业有限责任公司（以下简称宁夏伊利），累计投资近43亿元。建成UHT奶、奶粉、淡奶油等乳制品加工生产线53条，生鲜乳日加工能力达4 700吨，先后通过了ISO9001质量管理体系、GMP良好生产规范等多项体系认证。2017年，宁夏伊利打造工业旅游示范点，通过国家AA级景区评定、吴忠市工业旅游示范点评定，打造集智慧旅游、沉浸式体验、全场景参观为一体的标准化工业旅游景区。2021年，宁夏伊利原奶收购量突破157万吨，年度乳制品产量历史性突破100万吨，综合营收突破100亿元，被中国乳制品工业协会认定为全国最大单体液态奶生产基地。

五、蒙牛特仑苏（银川）有限公司

2010 年，内蒙古蒙牛乳业集团有限公司正式入驻宁夏，在银川市西夏区成立蒙牛特仑苏（银川）乳业有限公司，注册资本 1.7 亿元。建成日产 1 500 吨常温奶生产线 12 条、日产 170 吨低温乳制品生产线 3 条，主要产品有特仑苏、精选系列牛奶、利乐包纯牛奶、杯装酸奶、瓶装酸奶等两大产品矩阵 36 个产品。在宁夏合作奶牛场 100 家左右，日收鲜奶量 4 000 吨，解决直接就业人数 702 人，间接就业人数 3 000 余人。

六、蒙牛乳业（宁夏）有限公司

2019 年 9 月 11 日，蒙牛集团与银川市政府、灵武市政府签订《乳制品百亿产业集群项目战略合作框架协议》，成立蒙牛乳业（宁夏）有限公司，其中蒙牛集团占股 80%、宁夏农垦集团占股 20%，在灵武市高新技术产业园区规划用地 587 亩，打造建设高端乳制品智慧化加工基地，围绕智慧采供、智慧能源、智慧生产、智慧检验、智慧物流和智慧园区等 6 大智慧平台，通过在线排产、在线付料、在线检测、在线运维、在线决策等，实现管控一体、一人多岗、系统指挥的全新的运营模式。工厂计划建设 24 条乳制品生产线，设计生鲜乳日处理产能 4 500 吨，主要产品包括特仑苏、学生奶、纯甄等。2020 年，工厂启动一期加工项目建设，建成液态奶生产线 12 条、生鲜乳日处理产能 1 200 吨，并于 2023 年 10 月底建成投产。

七、宁夏北方乳业有限公司

宁夏北方乳业有限责任公司（以下简称北方乳业）成立于 1997 年，位于宁夏回族自治区银川市永宁工业园区，经过二十多年的发展，已成为集饲草料种植、奶牛养殖、乳品及乳品饮料加工、牛奶配送为一体的综合性科技民营企业，建成年产能 7 万吨液体乳加工厂，主要生产巴氏鲜奶、常温牛奶、酸奶、乳饮料等系列产品，培育的"银泉"牛奶品牌被评为自治区著名商标，是宁夏百姓最喜爱品牌及自治区名牌产品之一。北方乳业起步较早，但是一直以区域发展为主，生产的产品主要销往宁夏和甘肃、陕西、山西、内蒙古等周边地区，其中巴氏鲜奶主要通过鲜奶订的方式在银川居民区内售卖。2023 年，北方乳业生产加工生鲜乳 1.6 万吨，乳制品产量 1.8 万吨，年营业收入 1.1 亿元左右。

八、宁夏雪泉乳业有限公司

宁夏雪泉乳业有限公司成立于 2004 年 4 月，位于宁夏吴忠市利通区，占地 30 000 平方米，是一家集奶牛养殖、乳制品加工、销售、饲料加工为一体的现代化企业。公司总投资 8 000 万元，在利通区建设乳制品加工厂一座，建设液态奶、低温酸奶、奶粉等生产线 13 条，设计日加工生鲜乳能力 310

吨,主要产品有全脂淡奶粉、全脂甜奶粉、纯牛奶、乳饮料、发酵酸奶、枸杞养生奶等,特别是青稞酸奶、黑米酸奶等特色酸奶产品具有奶香味浓、醇香适口的独特风味,远销上海、广东、深圳、海南等地,成为宁夏本土网红酸奶,是广大消费者的理想佳品。

九、银川维维北塔乳业股份有限公司

该公司由银川乳品饮料公司(银川市乳品厂)创立,计划经济时期,银川乳品饮料公司是银川地区唯一一家规模较大的乳制品加工企业。2000年12月,银川乳品饮料公司改制为银川北塔乳业股份有限公司,因改制后企业经营不善,2002年,维维集团与银川北塔乳业股份有限公司合资,成立银川维维北塔乳业股份有限公司(以下简称维维北塔乳业),维维集团投资3 000万元。2004年季度实现销售额2 500多万元。2006年4月,维维北塔乳业被认定为自治区学生饮用奶定点生产企业。2008年的维维北塔乳业盈利逐渐下降,2008年底,维维北塔的奶粉销售量为6 700吨,比2007年增加1 300吨,整体赢利100万元。2010年8月,国家质检总局公布当年第二批产品质量国家监督抽查结果,宁夏"维维"牌中老年奶粉钙含量检测低于企业标出值,公司3月18日生产的400克中老年奶粉,钙含量实际检测量为每百克661毫克,未达到企业标出的750~1 800毫克。2014年6月,自治区质监局对宁夏4家婴幼儿配方乳粉生产企业的生产许可换证审查和再审核工作中,维维北塔乳业婴幼儿配方乳粉许可证被注销。

第二节　主要的产品品牌

宁夏乳制品品牌起步较早,但是受地域、消费人群等因素影响,总体发展较缓慢。宁夏本土乳制品品牌主要有夏进、塞尚、北方、雪泉等。

20世纪80年代,宁夏乳制品以奶粉为主,其中"北塔奶粉"在当地具有很高知名度,成为家家户户的必备营养品。

1992年左右,夏进乳业的成立,打破了宁夏乳制品单一生产奶粉的局面,开始在宁夏布局生产液态奶,"夏进牛奶"成为宁夏牛奶的代名词,其中塑料瓶装夏进牛奶和袋装夏进酸牛奶在宁夏以及周边省区受众面很广。2002—2005年,夏进曾被评为全国液态奶六强之一,是西部地区的头部乳企,年销售收入达到40多亿元。随着企业的不断发展扩张,夏进旗下乳制品品类不断更新,品牌呈多元化发展,"夏进"纯牛奶、酸牛奶、甜牛奶以及麦香、核桃等风味牛奶不断在市场推出。2020年,新希望集团收购夏进乳业后,夏进乳业开始向低温和高端乳制品赛道扩张,"今日鲜奶铺"巴氏鲜奶、冰激凌酸奶、爵品纯牛奶等产品在市场崭露头角。

夏进乳业拥有液态奶生产线34条,形成5大系列、20多个品种、10多个规格的产品,在全国各地建立了20多个分公司和45个营销网点,市场网络遍布国内25个省市的200多个大中城市。曾先后荣获"国家级农业产业化龙头企业""中国驰名商标""最具市场竞争力品牌""全国质量管理先进企业"等国家级荣誉。近年来,夏进乳业积极推动品牌的发展和市场扩张。

  金河成为夏进乳业以外的另一个具有宁夏代表性乳业品牌,1998年,金河科技打破市场惯例,上市了价格便宜、吃法多样的金河袋装果味酸奶,2003年,金河袋装果味酸奶销售额达到了5 000万,金河成为宁夏甚至西北地区家喻户晓的品牌,产品以酸奶为主,包括了桶装风味发酵酸奶、杯装发酵乳等一系列酸奶品牌,2015年,金河科技又创新推出了"金河奶啤""塞上一头牛巴氏鲜奶""此奶有汽"等特色乳制品。金河科技2016年6月正式在新三板成功挂牌(股票代码837647),成为宁夏乳制品行业首家上市公司,扩大了宁夏乳制品在全国的影响,酸奶品牌"金河杞色酸奶"曾进入清华大学食堂,先后与星巴克定制合作,与京东、天猫等电商平台签约,成功实现向互联网+现代企业转型,近两年公司开发的浓缩牛乳蛋白粉、希腊式风味酸奶等新品成为国内首款自主研发的产品,填补了市场空白,已成为宁夏具有代表性的乳业企业。

第六章

乳品消费

第六章　乳品消费

第一节　乳品专供（凭票）时期

在新中国成立后的相当长的一段时期内，奶类消费主要集中在经济发达的北京、上海、重庆、天津、广州、南京等大、中城市，消费者仅包括为数不多的富裕家庭和某些特殊人群。奶粉属于"特需品"，全国各大、中城市市场供应普遍紧张，只能实行专营、专供；当供应短缺时，会采取保护婴儿、老弱病人等特定人群的供应办法。1953年10月，我国出台了统购统销政策，百姓生活进入了"票证时代"，每个家庭按月度领用包括牛奶票在内的各类票证，牛奶的供应实行严格的配给制，定点定量供应，凭票在供销社领取瓶装牛奶，保质期较短，一般当天必须饮用。乳品专供政策一直延续到20世纪80年代中期。

第二节　乳品普惠时期

改革开放以后，国家确立了市场经济体制，助推了人民生活水平的提高和奶类生产的快速发展，乳制品消费人群不断扩大。20世纪80年代后期，取消了凭票供应乳制品的办法，乳制品的种类和供给逐渐增多，乳制品市场逐步拓宽。20世纪90年代后，我国城镇居民人均乳制品（鲜乳、乳粉、酸乳）消费量显著增加，而同期肉类消费量仅增长了4.9%。研究表明，城镇居民奶类消费的需求弹性系数（Em）为0.619 2，说明对于大多数城镇居民来说，牛奶已经从奢侈品基本转变成了生活必需品。农村居民乳制品消费从无到有，1992年农村居民乳和乳制品消费量为0.02千克，随后逐年增长，2007年达到了5千克，比1990年增长了249%，而同期肉类消费仅增长41.6%。

2008年的"婴幼儿奶粉事件"发生后，奶业成为消费者特别关注的产业，国家层面加强了奶业上下游产业监管力度。从乳品消费来看，2008年至今呈现三个不同发展阶段：

2008—2013年：乳制品消费总量增速放缓，高端乳制品消费需求开始增长。国家统计局数据显示，2013年规模以上企业乳制品产量为65.74万吨，比2008年增长401.4%。

2014—2016年：受宏观经济及居民收入等因素影响，乳制品消费呈现结构性快速升级，消费增速整体放缓，由于结构升级带来的价格上涨，一方面推动了销售总额上升，但另一方面也抑制了消费总量。

2017年至今：乳制品产品种类不断丰富，消费呈现个性化、多元化，同质化竞争加剧，行业集中度不断提升。市场消费主要特点包括：一方面，消费呈现结构性变化，高端酸奶市场成为企业发力的重点产品；另一方面，消费者的理念由数量消费向质量和品质消费转换，乳品企业提供优质的产品来满足消费者需求。

在宁夏奶业快速发展的同时，市场消费品更新换代的节奏也在加快，乳品的消费观念、消费能力和消费形态呈现出个性化和层次化的特征。乳制品企业在增加乳制品产量的同时，增强了自主创新能力，不断开发新产品，丰富产品的品种，优化产品结构。除了巴氏杀菌乳、超高温灭菌乳、酸奶和奶粉等传统品种外，干酪、奶油等也逐渐走上了城镇居民的餐桌。同时，一些高端乳制品开始推向市场，如伊利的金典和舒化奶、蒙牛的特仑苏、夏进爵品等高端乳制品受到了消费者的青睐。目前市场消费主要以常温奶、巴氏奶、酸奶为主，夏进乳业生产的特色枸杞奶畅销区内外，塞尚乳业与雀巢、星巴克咖啡、蒙牛、伊利合作，研制出夸克奶酪、奶油奶酪、蛋白粉、芝士奶盖浆、代餐粉等定制型产品，以满足不同的客户需求。

第七章

产业管理与服务

第七章

유가증권의 발행

第一节　管理与服务组织

2023年，宁夏共有行业协会等组织9家，其中自治区级1家，为宁夏奶产业协会；市级4家，分别是银川市奶业协会、吴忠市奶牛养殖业协会、石嘴山奶产业技术创新联盟、中卫市奶业协会；县（区）级4家，分别是兴庆区奶业协会、灵武市奶牛养殖协会、惠农区奶产业联合会、平罗县牛奶产业协会。共举办奶产业各类人才培训8期，培训专业技术人员及种养殖户500余人（次）。

一、宁夏奶业协会

宁夏奶业协会（原名宁夏奶牛协会）成立于1983年4月，第一届理事长由宁夏回族自治区农牧厅党组成员、顾问周凤禄担任；副理事长分别是赵玉琪、严纪彤、华世坚；秘书长路勤道。会员有行业行政主管部门、科研院校及奶牛养殖单位和个人。2001年10月25日更名为宁夏奶业协会，宁夏回族自治区农牧厅厅长高万里当选宁夏奶业协会第一届理事会会长，宁夏回族自治区农牧厅副厅长李志仁、农垦局副局长何宗先等12人为副会长，宁夏回族自治区农牧厅畜牧局局长虞景龙为副会长兼秘书长，副秘书长由罗晓瑜、温万担任。

宁夏奶业协会是在宁夏回族自治区农牧厅直接领导下，由全区牛奶生产、加工、销售、科研、教学、推广机构和有关领导、专家、技术人员及养牛业工作者、养牛生产经营户主动自愿参加的地方性非营利社会组织。成立之初由挂靠单位宁夏畜牧工作站管理。2013年12月20日召开了第二届奶协会员代表大会，换届选举了毛荣业为会长，罗晓瑜、宁小波等12人为副会长，罗晓瑜兼任秘书长，副秘书长由温万、洪龙和周吉清担任。根据2014年10月自治区民政厅"关于开展全区性行业协会商会与业务主管单位脱钩试点工作"会议要求，宁夏奶业协会于2015年1月23日召开了"2014年度年会"，会长毛荣业做了2014年度协会工作报告，会议免去了兼任协会职务的公务人员37人，包括副会长兼秘书长罗晓瑜、副秘书长温万、洪龙等人，增补张志前为副会长，宁晓波为秘书长，以及其他常务理事及理事36人，从此宁夏奶业协会移交给宁夏农垦局奶业公司管理。

宁夏奶业协会是宁夏畜牧行业成立较早的集奶牛养殖和乳品加工为一体的社会团体组织。通过全体理事会成员和会员单位的共同努力，宁夏奶业协会成为党和政府联系奶业生产企业、科技人员、广大奶农和消费者的桥梁和纽带，按照协会章程规定的职能，充分发挥协调和服务作用，在政策宣传咨询、技术培训服务、合作交流和科技支撑等方面做了大量卓有成效的工作，努力推进奶业转型和奶源基地建设，规范乳品市场，提升生鲜乳及乳品质量安全水平，为宁夏奶产业的健康稳步发展作出了积极贡献。1984年6月在平吉堡奶牛场召开的"甜菜渣与稻草、麦草混合青贮饲喂奶牛效果现场会";1987年选派平吉堡奶牛场技术员杨久海为赴日研修生,学习日本先进的畜牧饲养技术;1990年9月宁夏奶牛协会承办的"中国奶牛协会第五次繁殖技术交流会";1999—2002年,组织乳品加工企业等奶协会员单位,在世界牛奶日(五月第三周的星期二),采取电视、广播、展板、传单和咨询等形式,广泛宣传牛奶与健康知识,提高群众鲜奶消费意识;2003年宁夏奶业协会先后协助许多成员单位从澳大利亚、新西兰引进5 400多头荷斯坦牛,以满足广大奶牛养殖户饲养优质荷斯坦牛的迫切需求;在各级业务主管部门的支持下,协会充分发挥自身在科技培训及科技推广方面的优势,先后引进了多项新技术、新设备,如胚胎移植、高产奶牛选育、高产奶牛性控繁殖、奶牛体型线性鉴定、全混合日粮(TMR)饲喂,DHI测定和奶牛场信息化管理等先进技术,并逐步推广应用;规模奶牛场(户)和奶牛养殖园区全部实现机械挤奶;配合饲料、微量元素添加剂、秸秆饲料青贮、微贮和酵贮等加工调制技术在生产中广泛应用。先后举办各类技术培训班62期,培训养殖户7 650人次,分12批组织奶牛场、养殖园区负责人及管理人员162人,到北京、上海、内蒙古等奶业发展水平较高的省区,观摩学习现代化奶牛场管理技术和经验。2007年9月,由宁夏奶业协会承办的"西部乳业发展协作会第五次会议"取得圆满成功。

2015年8月7—9日在宁夏银川召开的"2015年国际奶牛新技术大会";2016年,创建了宁夏奶业协会微信公众号,吸引区内知名专家、教授、行家里手参与互动，提供产业相关信息、技术、销售等方面的服务；2019年3月30日至4月1日在银川国际会展中心举办的"国际奶业展览会、农牧机械展览会"；2020年7月17—19日在银川国际会展中心举办的"第二届银川国际奶业暨农牧机械展览会"等，都对聚焦国际奶业技术前沿，推广奶牛养殖新技术，提高中国奶牛生产水平，促进中国奶业健康发展产生了较大影响。

2021年9月26日，宁夏奶产业换届大会在银川召开，经过协商，将宁夏奶业协会与宁夏乳制品工业协会合并，并将协会更名为宁夏奶产业协会，按照《社会组织登记管理条例》和《章程》要求，宁夏奶产业协会选举产生了理事、常务理事、监事、监事长、副会长、会长，并通报了生鲜乳价格协调机制委员会的成立相关事项，规范了宁夏生鲜乳购销合同，签订了法律服务协议，来自全区的奶牛养殖牧场、乳品加工企业、饲草种植、饲料加工、农机、技术服务、科研院校、检验检测等产业链相关单位、组织、专家等200余人参加会议。

二、宁夏乳制品工业协会

宁夏乳制品工业协会是在自治区党委、政府以及龙头企业的支持下，2003年6月经自治区民政厅注册登记正式成立的行业性社会团体，业务上接受自治区农牧厅、经信委和发改委的指导。取得新生产许可证的乳品企业为宁夏乳制品工业协会会员单位。

协会自成立以来,坚持自我教育、自我管理、自我完善、自我发展的方针,以服务为宗旨,服务于政府、服务于企业,服务于"三农",服务于行业。卓有成效的工作,得到了行业、社会、政府的认可与支持,凝聚力、向心力不断增强。协会的势力得以快速地发展,已成为我区奶产业发展中一支不可或缺的重要力量。

宁夏乳制品工业协会相继创办了《宁夏乳业》《宁夏牛奶内情报告》和《宁夏牛奶信息》,以及"宁夏牛奶网"四个宣传平台,为适应新形势的需要,近几年还开辟了微信公众平台、微信群和QQ群等新兴网络电子平台,以介绍宁夏奶产业、中国奶产业、国外乳业、企业发展、奶业科技、政策法规、市场营销等主要内容。可读性强,指导力度大,是自治区各级党委、政府、人大、政协的高层领导、自治区政府所属各职能部门的主要领导、自治区各乳品加工企业、养殖园区、奶牛合作社及社会相关部门的直接领导,了解掌握宁夏乳业发展现状及动态的最重要窗口。

三、各级产业协会

(一)市级产业协会

1. 银川市奶业协会

2021年6月30日,成立了银川市奶业协会。协会首任会员由各市、县(区)推荐产生,兼顾了各县(区)地域和规模大小、原奶供应方向等多方面因素，共推举出 30 家奶牛养殖企业，其中灵武市 15 家、兴庆区 7 家、贺兰县 4 家、永宁县 3 家、金凤区 1 家，30 家理事单位原奶去向涵盖了伊利、蒙牛、新希望、金河乳业等乳品加工企业。协会今后将在维护本行业的合法权益、规范生鲜乳购销合同、整合优化行业技术专家资源、开展奶业市场的调查研究等方面促进银川市奶业规范有序和谐发展。

2. 吴忠市奶牛养殖业协会

为引领吴忠奶牛养殖业发展，吴忠市奶牛养殖业协会于 2019 年 1 月 7 日正式注册，以服务奶牛养殖成员为宗旨，维护行业合作权益，协助政府规范行业和促进企业公平竞争；促进奶业经济体制转变，规范监管外运鲜奶销售机制；开展产业技术交流和新技术推广。会员单位 34 家，协会设立会长 1 人，副会长 7 人，秘书长 1 人，理事 3 人，监事长 1 人，监事 2 人。

3. 中卫市奶业协会

2021 年 5 月，经中卫市人民政府批准，成立中卫市奶业协会。

4. 石嘴山奶产业技术创新联盟

2022 年 7 月 19 日，根据石嘴山市科学技术协会《关于成立石嘴山奶产业技术创新联盟的批复》，石嘴山奶产业技术创新联盟由立志振兴和发展石嘴山奶产业的企业、高校、科研机构或其他组织机构等 36 家单位联合，汇聚了区内外 23 名专家，以"引领产业发展、推动技术创新"为宗旨，旨在集聚石嘴山奶产业产学研优势资源，大幅度提高奶产业科技创新能力，促进全市奶产业结构优化，提高奶产业整体竞争力，促进石嘴山奶产业高质量发展。该联盟的成立将发挥各方优势，集聚各方力量，为石嘴山市奶产业发展增添新动力。成立之初，石嘴山银行石嘴山分行和石嘴山市益农金禾奶牛养殖有限公司、宁夏广德源农牧开发有限公司分别签订500万元授信金额的授信协议，石嘴山奶产业技术创新联盟与宁夏大学签订人才培养合作协议。

（二）县（区）级产业协会

1. 灵武市奶牛养殖协会

2020年3月经灵武市政府筹划，成立了灵武市奶牛养殖协会，入会企业56家，协会设立理事会和监事会。其中：理事会由理事长1名，副理事长4名，秘书长1名，理事21名组成；监事会由主席1人和监事2人组成。

2. 平罗县牛奶产业协会

2024年3月13日，平罗县牛奶产业协会正式成立，召开了会员代表大会，会议选举产生了协会第一届领导班子，审议通过了《平罗县牛奶产业协会章程》。协会将加快全县奶产业步入"自主经营、自我服务、自我管理、自我发展"的进程，步入"民有、民管、民受益"的发展轨道，成为加快平罗县农业产业结构调整、繁荣农村经济、增加农民收入、建设农业强县、实现乡村全面振兴的新引擎。

3. 惠农区奶产业联合会

2006年，惠农区成立奶产业联合会，协会设立会长1

名、副会长1名，入会企业包括惠农区奶牛养殖企业11家。

第二节　法制化管理

2004年，自治区农牧厅、工商局和质量技术监督局联合制定了《宁夏回族自治区生鲜牛奶收购质量监督管理办法》，对原料奶的生产、加工、运输和销售各环节监管做了明确规范，各地相应成立了联合执法大队，科学设置原料奶收购市场准入条件，规范原料奶收购秩序，严厉打击无证经营、掺假使假、恶意竞争等不法行为，初步建立起了运行规范、收购畅通的市场秩序。

2005年，银川市人民政府第30次常务会议审议通过了《银川市生鲜牛奶管理暂行办法》，自2005年6月1日起执行。2009年2月，吴忠市人民政府办公室印发了《吴忠市乳品质量安全监督管理办法》。

《宁夏回族自治区奶产业发展条例》是我区首部关于奶产业的地方性法规，于2007年11月9日宁夏回族自治区第九届人民代表大会常务委员会第三十一次会议通过，2008年1月1日起实施。

《乳品质量安全监督管理条例》于2008年10月出台，我区也相应启动了《宁夏回族自治区奶产业发展条例》的修订工作，根据2009年9月30日宁夏回族自治区第十届人民代表大会常务委员会第十二次会议《关于修改〈宁夏回族自治区奶产业发展条例〉的决定》修正。本次修正增减了《宁夏回族自治区奶产业发展条例》部分内容，一是明确《乳品质量安全监督管理条例》为上位法依据；二是明确政府监管部门职责；三是建立健全生鲜乳质量检测体系；四是删除了奶牛养殖、生鲜乳收购、乳品企业所需的条件；五是明确县级以上人民政府应当制定奶产业发展规划；六是鼓励奶农和乳制品企业建立利益联结机制；七是建立生鲜牛奶价格协调委员会；八是明确了奶产业发展扶持资金纳入财政预算；九是增减了部分罚则。

根据 2018 年 9 月 14 日宁夏回族自治区第十二届人民代表大会常务委员会第五次会议《关于修改〈宁夏回族自治区奶产业发展条例〉的决定》第二次修正。

2023 年《中华人民共和国畜牧法》修订，我区现行的《宁夏回族自治区奶产业发展条例》部分条文与上位法、国家奶业新政策不一致，已不能完全适应奶产业高质量发展的新形势新要求。2023 年初，农业农村厅申请修订《宁夏回族自治区奶产业发展条例》，纳入自治区人民政府 2023—2027 年立法规划。同年 6 月，自治区人大常委会开展《宁夏回族自治区奶产业发展条例》实施情况执法检查，提出要尽快修订完善现行《宁夏回族自治区奶产业发展条例》。2024 年 1 月，自治区农业农村厅与自治区人大常委会法工委和司法厅多次沟通协调，将《宁夏回族自治区奶产业发展条例》修订工作列入自治区人民政府 2024 年地方性法规修订计划，全面启动立法各项工作。

2024年，按照立法程序，宁夏回族自治区农业农村厅全面启动立法各项工作。成立厅立法领导小组和工作小组，制定《宁夏奶产业发展条例立法工作方案》，委托专业法律服务机构参与《宁夏回族自治区奶产业发展条例》修订工作。全面梳理国内外奶产业发展情况，学习借鉴国内奶业主产省（区）地方立法典型经验，对照国家相关上位法，起草《宁夏回族自治区奶产业发展条例（修订草案）》。面向社会公众、18个厅（局）、16个奶业主产市、县（区）政府广泛征求意见，共收集意见建议85条，采纳60条。组织召开专家论证咨询会、部门协调会、专题会、不同经营主体的座谈会等对《宁夏回族自治区奶产业发展条例（修订草案）》体例结构、适用范围、条款内容及条款表述等进行充分研讨。配合开展立法审查，安排专人协助司法厅做好《宁夏回族自治区奶产业发展条例》修订工作，梳理全产业链环节图，列出问题清单、需求清单，先后开展调研4次，每个环节安排专业人员参与修改，将解决问题和依法立法相统一，提高立法的针对性、及时性、可操作性。

《宁夏回族自治区奶产业发展条例（修订草案）》共设置8章59条，与原《宁夏回族自治区奶产业发展条例》相比，新增2章、新增29条、修改29条、删除16条、保留1条。《宁夏回族自治区奶产业发展条例》修订坚持问题导向、需求导向、效果导向，聚焦奶产业全产业链发展，创新立法内容，解决突出问题，注重立法实效。重点体现在5个方面：

一是突出了规划引领。强化了政府的监督与管理职责，明确了自治区要建立健全工作协调机制，统筹推进产业高质量发展。自治区农业农村主管部门会同有关部门制定自治区奶产业专项规划，市、县（区）政府根据自治区奶产业规划，结合本区域资源环境承载力和市场需求，优化产业布局，合理确定发展目标和奶牛养殖规模。

二是聚焦全链条发展。原《宁夏回族自治区奶产业发展条例》仅规定了奶牛养殖、生鲜牛奶的生产、销售与加工等部分产业链环节，且多数规定为监督管理相关内容。这次修订聚焦全链条发展，促进全环节提升，新增了"饲草生产""乳制品生产与销售"两章，专门规定了饲草良种繁育、种植收获、加工配送等内容，增加了乳制品生产需要条件、优化乳制品结构、奶农办加工厂、品牌建设、乳制品销售等内容。

三是强化了价格协商。增加了生鲜乳价格协调内容，逐步解决生鲜乳购销过程中单方面定价问题，有利于维护奶农和乳企合法权益。明确自治区相关部门联合组建生鲜乳价格协调委员会，根据生鲜乳的市场供需、生产成本、流通费用等因素协商确定发布生鲜乳交易参考价格，供购销双方参考。

四是营造了公平市场环境。对生鲜乳购销双方的禁止行为和规范购销市场秩序的具体要求进行了修改完善。明确生鲜乳购销双方要参照国家相关部委提供的《生鲜乳购销合同（示范文本）》签订合同，按照合同约定履行各自的义务，禁止恶意串通或者采取其他不正当手段收购生鲜乳。明确了禁止滥用市场支配地位的具体行为，规定了县级以上市场监督管理部门应当加大对滥用市场支配地位等行为的监管和依法查处。

五是优化了政策扶持。增加联农带农、金融支持、品牌建设、诚信管理等支持政策内容。明确县级以上人民政府应当扶持奶产业发展，引导金融机构加大对奶产业信贷支持和信贷产品创新，培育乳制品区域公用品牌和企业品牌，加强奶产业专业人才队伍建设和诚信体系建设，鼓励有条件的奶农依靠自有奶源有序发展乳制品加工，提高奶牛养殖抵御市场风险能力，推进一、二、三产业融合发展。

2024年9月26日，《宁夏回族自治区奶产业发展条例》已由宁夏回族自治区第十三届人民代表大会常务委员会第十二次会议修订通过，自2024年11月1日起施行。

奶业发展大事记

物理变化大事记

【2023 年】

5 月

28—30 日，2023 宁夏奶业大会－第五届银川国际奶业展览会暨论坛在银川国际会展中心举行。该论坛由宁夏农机生产与流通协会、宁夏草业协会、甘肃省奶业协会、青海省奶业协会、陕西奶业协会、内蒙古奶业协会及新疆维吾尔自治区奶业协会联合主办，论坛吸引了国内外 1 100 多家企业参展，举办了 75 场技术和产品论坛，参观总人数达 6 万多人次，宁夏奶业大会目前已成为西北地区奶牛产业一年一度行业盛会。

6 月

27 日，按照《自治区党委办公厅、政府办公厅＜关于调整"六大提升行动""六新六特六优"产业和二十个重大项目省级领导包抓任务＞的通知》（宁党厅字〔2023〕16 号）和自治区分管领导相关要求，农业农村厅制定印发了《关于调整牛奶、肉牛、滩羊、冷凉蔬菜产业专班人员的通知》。

【2022 年】

1 月

13 日，宁夏奶业现代产业学院揭牌并正式运行，学院有专兼职教师 22 人，设立畜牧兽医和绿色食品两个专业，与 6

个分院采取联合招生、联合培养，实现专业、课程资源、实训实践中心、师资"五个共建共享"，促进高质量就业。

21日，农业农村部、财政部联合发布《关于认定第四批国家现代农业产业园的通知》，吴忠市利通区国家现代农业产业园顺利通过国家认定。

2月

26日，宁夏灵武市政府与西北农林科技大学举行校地联盟科技创新战略合作揭牌仪式，通过校地企联动、产学研联合，开展具备高产长寿性能的优良奶牛快速扩繁和选育，共同推动灵武奶产业高质量发展。

4月

27日，中卫市奶牛科技创新中心正式投入使用，主要为中卫市及周边奶牛场提供生产性能测定（DHI）、育种体系建设、培养人才、牧场托管等服务。

5月

24日，宁夏奶产业协会组织召开第二季度生鲜乳价格协商会议，经生鲜乳价格协商会议专家、乳制品加工企业、养殖户代表协商表决，确定并公布第二季度生鲜乳交易参考价格为4.22元/千克（不含运费），最低限价4.01元/千克，执行时间为2022年4月1日至6月30日。

6月

4日，自治区农业农村厅与内蒙古伊利实业集团股份有限公司在银川市签署千亿级奶产业集群战略合作框架协议，自治区党委书记、人大常委会主任梁言顺，自治区党委副书记、自治区主席张雨浦在银川会见了伊利集团党委书记、董事长潘刚，并共同见证签约。

10日，自治区第十三次党代会将牛奶、肉牛和滩羊产业列为自治区"六特"产业，建立省级领导包抓机制。

21日，宁夏千亿级牛奶产业集群"三基地三中心"建设项目启动仪式，自治区党委副书记陈雍、自治区人大常委会副主任白尚成、自治区副主席王和山等领导见证宁夏农垦集团与伊利集团与宁夏民族职业技术学院现场签订《共同打造宁夏高产良种奶牛繁育基地合作协议》《人才孵化基地合作协议》，宁夏农垦集团吴忠孙家滩5万头奶牛养殖基地开工揭幕、高产良种奶牛繁育基地授牌和"宁夏奶业现代产业学院农垦班"揭牌。

7月

7日，宁夏奶业大会、第四届银川奶业暨农牧机械展览会在银川国际会展中心召开，旨在推动西北奶产业的高质量发展，交流与展示国内外先进的技术与设备，蒙牛、伊利、茂盛草业、伊品生物等500余家企业参加会议。

29日，宁夏牛奶产业高质量发展专题培训班在济南市举办，自治区牛奶产业包抓机制部分成员单位相关处（室）、主产市、县（区）农业农村局及畜牧中心相关负责同志共50人参加培训，此次培训为期6天。

30日，"中国奶业竞争力提升行动·数字奶牛金钥匙蒙牛专场"活动在宁夏银川市召开，来自奶业企业、畜牧兽医主管部门相关人员共200余名代表参加会议。

8月

10日，宁夏畜牧工作站组织奶牛核心区市县（区）畜牧中心负责人和相关人员召开粮改饲项目青贮数字化管理座谈会，邀请相关领域专家共同交流讨论智能牧场青贮供应链信息数字管理。

16日，牛奶产业包抓领导自治区人大常委会副主任白尚成、自治区副主席王和山召开全区牛奶产业包抓机制工作会议，听取了牛奶产业发展情况相关汇报，研究审议了《全区牛奶产业高质量发展实施方案》。

17日，蒙牛集团与自治区农业农村厅、宁夏农垦集团分别签署《现代牛奶产业绿色融合发展示范区战略合作框架协议》《宁夏百万吨奶源全产业链建设项目合作框架协议》，共同建设"两园区、两平台、四中心"，打造产业链完整的产业集群，加快推动奶业振兴。

11月

7日，根据《农业农村部办公厅关于公布第二批国家动物疫病净化场名单的通知》（农办牧发〔2022〕29号）我区宁夏农垦乳业股份有限公司平吉堡第六奶牛场、宁夏农垦乳业股份有限公司平吉堡奶牛三场、宁夏犇旺生态农业有限公司等7家养殖场被评为第二批国家级动物疫病净化场。

12日，宁夏奶牛精准化健康养殖技术35项团标在全国团体标准信息平台发布，同年12月16日实施。

15日，宁夏奶产业协会组织召开第四季度生鲜乳价格协商会议，经生鲜乳价格协商会议专家、乳制品加工企业、养殖户代表协商表决，确定并公布 2022 年 11 月至 2023 年 1 月生鲜乳交易中间指导价为 4.41 元/千克（不含运费），交易保底价为 4.27 元/千克（不含运费），执行时限为 2022 年 11 月 1 日至 2023 年 1 月 31 日。

29 日，自治区市场监管厅批准发布了《宁夏"六特"产业高质量发展标准体系 第 3 部分 牛奶》。

12 月

11 日，银川市举办了产业招商暨金融助力实体经济集中签约大会，银川市政府人民政府和内蒙古蒙牛乳业（集团）股份有限公司签署了共建银川乳业产业园框架协议。蒙牛银川乳业加工基地总投资 33 亿元，灵武养殖基地建设投资 25 亿元，中粮饲料项目投资 1 亿元，协助带动相关产业投资超过 200 亿元。

【2021 年】

1 月

30 日，中国人民政治协商会议第十一届宁夏回族自治区委员会第四次会议委员指出要对自治区奶协进行换届，加强、加大"宁夏牛奶"公用区域品牌宣传、提高养殖活体保险额度、建立生鲜乳第三方监测平台等要求。

4 月

2 日，自治区政协组织召开了全区奶牛保险有关问题协商座谈会，农业农村厅、各市县区农业农村局分管领导，人保财险公司、平安保险公司、太平洋保险公司、大地保险公司、人寿保险公司负责人，养殖场代表等参加了会议。会议通报了2020年全区奶牛参加保险情况，针对参保突出问题商讨了具体对策建议。

12日，中卫光明生态智慧牧场正式开工建设。"十四五"期间，光明牧业计划在中卫总投资36亿元，建设6个万头奶牛养殖基地，推动全产业链一体化、规模化、高端化发展。

12日，宁夏成功申报宁夏黄河绿洲奶牛特色产业集群建设项目，中央财政1.5亿元，实施期为2021—2023年，通过直接补助、以奖代补、先建后补等方式支持我区奶产业集群项目发展。

6月

29日，宁夏农垦举行奶产业高质量发展成果发布会，农垦集团鲜奶日产首次突破1 000吨，鲜奶总量处于宁夏首位、西北第一；养殖规模突破8万头，处于全区首位、西北第一；成母牛年均单产突破11吨，高于大型牧业集团平均单产，处于国内先进水平；奶牛联合育种实现新突破，来自贺兰山奶业平吉堡奶牛一场定向选配的11119516号种公牛，经遗传评估，GCPI（全基因组检测综合育种值）高达3 977，测定结果排名第一，比前100名平均值2 896高出1 081。该头公牛超过了国内一流种公牛遗传水平，被正式命名为"宁京1号"。

7月

6日，"宁夏牛奶"通过农产品地理标志省级专家审定会。

8月

12日，蒙牛乳业（宁夏）有限公司乳制品生产建设项目在灵武市开工。建成投产后，将成为一家集国家化标准体系、智能化生产制造体系、全产业链质量安全体系为一体的单体液态奶加工厂。

9月

26日，宁夏奶业协会换届大会在银川市召开，全区奶牛养殖牧场、乳品加工企业、饲草种植等产业链相关单位、组织、专家等200余人参加会议。经协商将宁夏奶业协会与宁夏乳制品工业协会合并，名称变更为"宁夏奶产业协会"，选举产生了新一届理事会，通报了生鲜乳价格协调机制委员会的成立相关事项，规范了宁夏生鲜乳购销合同，签订了法律服务协议。

29日，"健康中国鲜进未来——第八届新鲜盛典"在宁夏启幕。自治区政府副主席、自治区政府残工委主任、七届主席团主席王和山同志致辞。新乳业公布了夏进乳业"五年倍增"战略部署。

11月

24日，宁夏奶产业协会组织召开生鲜乳价格协商会议。根据10个奶业主产省份生鲜乳情况，结合我区及周边省区前三季度生鲜乳价格走势及生产成本构成，确定12月生鲜乳交易参考价 4.23 元/千克，在此基础上，可上下浮动 5%。

12 月

18 日，宁夏伊利乳业有限责任公司营收突破 100 亿元，产量突破 100 万吨。

18 日，自治区党委和政府召开全区奶产业高质量发展现场会。自治区党委书记、人大常委会主任陈润儿出席会议并讲话，强调要深入学习贯彻习近平总书记在中央经济工作会议上的重要讲话和视察宁夏重要讲话精神，坚定信心、埋头苦干、勇毅前行，扎实推进奶产业高质量发展，打造创新性、标志性、引领性的"高端奶之乡"，为建设先行区、建设美丽新宁夏做出新的更大贡献。自治区奶产业包抓机制通报了全区奶产业高质量发展情况。自治区党委副书记、自治区主席咸辉主持会议，自治区政协主席崔波出席。

30 日，宁夏奶产业协会组织召开 2022 年第一季度宁夏生鲜乳价格协商会，结合乳制品消费市场趋势和国内奶业专家对生鲜乳成本分析，经过生鲜乳价格协商会议专家、乳企、养殖户代表协商表决，确定宁夏 2022 年第一季度生鲜乳交易参考价格为 4.19 元/千克，在此基础上，可上下浮动 5%。

31 日，农业农村部、国家发展改革委等 7 部委联合印发《关于公布第七批农业产业化国家重点龙头企业名单的通知》，宁夏农垦奶业获重点龙头企业。该公司奶牛存栏突破 10 万头，2021 年新增奶牛 4 万头，鲜奶日产量达 1 200 吨，年产量突破 40 万吨，生鲜乳质量指标优于欧盟标准。

【2020 年】

1 月

宁夏农垦集团与内蒙古伊利集团签订合作协议，共同出资成立宁夏利垦牧业有限公司，计划 4 年内在平罗县建成 4 个 1.25 万头、总计 5 万头的奶牛养殖基地。4 月 17 日，第一座 1.25 万头奶牛场开工建设，总投资 5.52 亿元。项目建成后将由宁夏利垦牧业有限公司负责日常经营管理，其中宁夏农垦集团占股 80.5%、伊利集团占股 19.5%，所生产的原奶全部供应伊利集团。该公司现存栏奶牛 5 967 头，全部为育成牛。

4 月

8 日，宁夏统筹安排农业结构调整补助资金 1 亿元，主要用于促进奶产业、酿酒葡萄、肉牛、瓜菜、滩羊等产业发展。在奶产业方面，全区计划补贴优质奶牛性控冻精 25 万支，性控胚胎 1.25 万枚，将在全区自愿使用性控冻精（胚胎）进行扩繁改良的奶牛规模养殖场实施。使用性控冻精，每支补贴 100 元，每头按 1 支补贴；使用性控胚胎每繁殖（妊娠）1 头母犊补贴 2.5 枚胚胎，每枚 400 元，计划繁殖母犊 5 000 头。经基因组遗传评估，2019 年 11 月 28 日诞生在宁夏农垦贺兰山奶业平吉堡奶牛三场的编号为"11119516"的种公牛，2020 年度 GCPI（基因组性能指数）育种值为 3 977，产奶量育种值+2748，堪称国内一流。因项目是由宁夏回族自治区科学技术厅立项、宁夏回族自治区畜牧工作站主持，联合中国农业大学、宁夏大学等单位共同实施，这头公牛便被命名为"宁京一号"。

8日，蒙牛集团（灵武）奶业全产业链高质量发展百亿集群项目正式在灵武市临港产业园区开工建设，该项目总投资概算11.3亿元，占地623亩，计划配备16条世界领先的全自动乳制品生产线，规划产能年加工能力150万吨。项目全面投产达效后，将成为集优质奶源生产、液态奶加工、物流运输、包装销售等为一体的产业集群基地，预计实现销售收入60亿元，年实现产值100亿元，解决就业1 000人以上，带动奶牛存栏10万头，日产鲜奶1 500吨以上；与蒙牛乳业（银川）工厂形成集群效应，为推动我区奶业全产业链规模化、高端化发展发挥积极作用。

5月

6日，新希望乳业股份有限公司以17.11亿元收购宁夏夏进乳业母公司寰美乳业100%的股权。夏进乳业作为宁夏龙头乳制品企业，在宁夏市场拥有50%的市场份额、400多家经销商，年收入达15亿元，利润超过1亿元，净利率达到8.1%。全资收购夏进乳业有助于上市公司销售区域的拓展和盈利能力的提升，通过地域拓展培育新的盈利增长点，实现跨越式发展。

13日，自治区政府与伊利集团签订战略合作框架协议，共同打造宁夏伊利千亿元奶产业链集群项目。自治区党委书记、人大常委会主任陈润儿，自治区党委副书记、自治区主席咸辉在银川会见了伊利集团董事长潘刚一行,并共同见证签约。双方将本着深度合作、互利共赢的原则,充分发挥宁夏奶产业独特的资源优势和伊利集团乳业龙头带动作用,在乳制品加工、奶源基地打造、饲草料种植、精准扶贫等方面开展全方位、多层次合作,推动宁夏奶产业全面振兴,助力宁夏经济持续健康发展。

6月

8—10日,习近平总书记在宁夏考察并作重要讲话,指出"奶牛规模化养殖很重要,没有规模化就没有标准化,就没有效益。宁夏牛奶品质很好,要把它做大做强。"

17日,光明乳业、宁夏中卫市政府、宁夏农业投资集团三方签订战略合作协议,共同投资建设奶产业种养加全产业链项目,打造宁夏优质奶产业千亿级产业集群,带动宁夏农业走特色产业、高品质、高端市场、高效益的"一特三高"现代农业发展之路。签约仪式前,自治区党委书记、人大常委会主任陈润儿在银川市会见了光明乳业党委书记、董事长濮韶华一行。

8月

17日,自治区党委办公厅 人民政府办公厅印发了《关于建立自治区省级领导同志包抓重点特色产业工作机制的通知》(宁党办〔2020〕56号),奶产业包抓领导分别为自治区党委常委、统战部部长白尚成同志,自治区人大常委会副主任姚爱兴同志。牵头责任单位为自治区农业农村厅。

24日,宁夏回族自治区党委召开2020年第29次常委会

（扩大）会议，自治区党委书记陈润儿同志明确指出，要把奶产业作为推动宁夏现代农业高质量发展的战略性支柱产业来抓，定位要着眼于打造高端奶之乡，目标要力争养殖规模达到100万头以上、产值达到1 000亿元以上，布局要考虑环境的承载能力，规划要科学精准，确保持续健康发展。

9月

3日，召开宁夏回族自治区建设黄河流域生态保护和高质量发展先行区第一次推进会，自治区党委书记陈润儿同志提出奶产业发展要"壮大主体、保障品质、提升效益"的新要求，为奶产业发展指明了方向、划出了重点、明确了路径。

23日，光明奶牛养殖全产业链项目开工仪式在中卫市沙坡头区常乐镇举行。宁夏回族自治区副主席王和山受邀出席并宣布项目开工，中卫市委副书记、市长李晓波，光明乳业党委副书记、总裁罗海，光明乳业监事会主席叶建东，光明乳业副总裁、光明牧业党委书记、董事长、总经理王赞等领导出席活动。

10月

9—10日，全区奶产业高质量发展现场观摩推进会在灵武市、吴忠市召开。奶产业包抓领导自治区统战部部长白尚成，人大常委会副主任，民进中央副主席、自治区主委姚爱兴出席会议。银川市、石嘴山市、吴忠市、中卫市政府分管农业农村工作负责同志，自治区相关厅局和主产县（区）政府、农业农村局负责同志，自治区金融部门和相关银行负责同志及养殖加工企业代表共110余人参加会议。自治区农业农村厅通报了全区奶产业高质量发展情况，相关县区政府分管同志、相关企业负责人围绕推进奶产业高质量发展进行交流发言。与会代表现场观摩学习了灵武市、利通区推进奶产业发展的典型经验和做法。

12月

7日，宁夏农业农村厅联合市场监管厅印发了《关于维护生鲜乳购销秩序加强乳品质量安全监管的通知》（宁农<牧>发〔2020〕36号），明确了要加强部门联动，形成工作合力；强化利益联结，构建长效机制；实施第三方检测，确保公平公正；明确工作任务，压实主体责任；加强宣传引导，严格排查监管。

20—22日，由民进宁夏区委会和自治区农业农村厅联合主办、吴忠市农业农村局承办的全区奶产业高质量发展培训班在吴忠市利通区举办，培训班邀请了国家奶牛产业技术体系首席科学家李胜利等9位国内知名的行业专家授课。全区292家规模奶牛养殖场、21家乳制品加工企业负责人，奶产业主产县畜牧站（中心）负责人，民进宁夏区委会、农业农村厅相关单位负责人共400余人参加了培训。

31日，宁夏回族自治区党委办公厅 人民政府办公厅《关于印发自治区九大重点产业高质量发展实施方案的通知》（宁党办〔2020〕88号），其中，奶产业高质量发展实施方案从总体目标、重点任务、工作要求三个方面，提出了明确实施内容。

【2019年】

3月

30日至4月1日,宁夏奶业协会、青海省奶业协会、甘肃省奶业协会、新疆奶业协会联合举办了"中国(银川)国际奶业展览会",举办学术会议八场,来自畜牧主管部门、企事业单位、奶牛养殖企业、科研院所等近800人参加了学术交流活动,120余家中外供应商参展,一万多人次参加了展览会。

5月

9日,全区畜禽养殖废弃物资源化利用观摩培训班在吴忠市召开。

14日,吴忠市农业农村局和伊利集团共同举办"打造产业共同体,共筑奶业新时代——千克奶项目,十吨奶工程宣贯会"暨"奶牛科学院牧业精英全国巡回站—牧业经济培训宁夏专场"活动在吴忠市举行。

6月

吴忠市开展为期5个月生鲜乳专项整治拉开序幕。

7月

12—14日,第十届中国奶业大会暨2019中国奶业展览会在天津市举办,农业农村部副部长于康震作重要讲话,大会以"致敬祖国七十华诞,谱写奶业振兴新篇章"为主题,展示奶业辉煌成就,展望光明未来,对于坚定行业发展信心、加快推进奶业全面振兴具有重要意义。

25—26日，全国奶业振兴工作推进会在吴忠召开。来自10个奶业主产省（区）农业农村厅分管领导，各省（自治区、直辖市）、新疆生产建设兵团畜牧（奶业）处长，农业农村部畜牧兽医局、全国畜牧总站和中国奶业协会等相关负责同志共计80人参加会议。农业农村部畜牧兽医局副局长王俊勋同志出席会议并讲话，自治区农业农村厅党组书记、厅长王刚同志致辞。会议学习了宁夏奶业发展典型模式，汇报贯彻落实奶业振兴意见工作情况，交流扶持奶牛家庭牧场、奶农办乳制品加工试点等经验做法，研究部署下一步重点工作，全面推进有关工作落实。

8月

16日，由吴忠市农业农村局和吴忠市奶牛养殖业协会共同举办"吴忠市青贮制作技术培训会"。

9月

11日，蒙牛集团与银川市、灵武市政府先后签订了《乳制品百亿产业集群项目战略合作框架协议》，该项目设计产能4 500吨（含500吨浓缩奶），规划用地586.95亩，计划投资25亿元，项目共设计24条生产线，主要生产特仑苏、学生奶、纯甄等产品，预计年产值达100亿元，解决直接就业3 000余人。同步建设智能工厂、奶源基地，引入产业链上下游项目，打造4A级产业观光旅游区。

10月

31日，吴忠市开展为期5个月的生鲜乳专项整治结束。

11月

8日，建立完善利益联结机制，成立吴忠市生鲜乳价格协调委员会，规范生鲜乳购销合同，引导乳品加工企业与养殖户形成紧密的利益共享、风险共担、合作共赢的利益联结关系。

12月

6—8日，组织人员参加在广州市举办的"第二十次全国动物遗传育种学术讨论会"。宁夏畜牧工作站"DHI测定在宁夏优质高产奶牛选育中的研究与应用"成果荣获吴常信动物遗传育种奖励基金"优秀生产与推广成果奖"。

11日，吴忠市农业农村局、宁夏伊利乳业有限责任公司、中国（宁夏）奶牛研究院和吴忠市奶牛养殖业协会在吴忠国家农业科技园区中国（宁夏）奶业研究院联合举办"吴忠市奶牛养殖业协会2019年培训会。邀请国家奶牛产业技术体系首席科学家李胜利教授、加拿大奶牛专家比尔等国内外奶业专家授课。

11—12日，由农业农村部奶业管理办公室、国家奶牛产业技术体系与蒙牛集团共同举办"中国奶业竞争力提升行动-奶牛金钥匙技术示范走进吴忠"。

自治区农业育种专项"优质高产奶牛选育"项目获自治区科技进步奖一等奖。

【2018 年】

5 月

17—19 日，由农业部奶业管理办公室、国家奶牛产业技术体系、宁夏农牧厅联合主办，吴忠市政府承办的国家奶牛"金钥匙"技术示范现场会在宁夏吴忠市召开。中国农业大学教授、国家奶牛产业技术体系首席科学家李胜利等 40 余名行业专家、200 余名牧场技术人员参加了本次活动。

7 月

中国农业大学与吴忠市农业农村局共同创建的"中国农业大学宁夏吴忠教授工作站"正式成立。教授工作站研究团队由中国农业大学孙英教授牵头，李国学、李季、李彦明、宫小燕、罗文海等 7 名专家及 6 名博士生共同组成。教授工作站按照"一控两减三基本"的要求，以试验、示范推广循环农业、养殖粪污肥料化利用和污染物减排技术为重点，推进区域生态循环农业发展。

24 日，宁夏畜牧工作站、中国农业大学等单位申报的自治区农业育种专项"优质高产奶牛选育"二期项目（2019—2023 年）实施方案通过了自治区科技厅、财政厅组织的专家论证。项目依托国内奶牛育种平台和科技人才，结合宁夏奶牛良种资源，从优质高产奶牛遗传育种技术、优质后备公牛培育及优质高产奶牛安全健康养殖技术 3 个方面开展研究，力争建立宁夏地区优质高产奶牛选育技术体系。

8月

15日,"2018年国际奶牛新技术大会暨粮改饲与奶牛绿色发展技术集成模式研究与示范项目"在吴忠市召开。大会以"绿色发展 提质增效"为主题,25位国内外奶牛生产一线的著名技术专家和管理专家做了专题报告,报告内容涵盖粗饲料质量与管理、奶牛营养与健康及牧场高效管理等方面。

9月

13日,在银川市召开的科技支宁——东西部合作推进会上,吴忠国家农业科技园区被确定为"中国宁夏奶业研究院"并正式揭牌。园区借用"外脑"于2017年8月成立院士专家工作站,邀请中国科学院院士李天来领衔,联合沈阳农业大学、宁夏大学、宁夏农林科学院等高校,吸纳10余名研究人员,组成研发团队,把最前沿的科技引进吴忠,共同在产业研究、成果转化、学术交流等方面开展有效的实践和探索。

27日上午,全国奶业振兴工作推进会议在内蒙古自治区呼伦贝尔市召开,中共中央政治局委员、国务院副总理胡春华同志出席会议并讲话,会议由农业农村部部长韩长赋同志主持,河北省、河南省、黑龙江省政府分管同志,国家市场监管总局有关负责同志,蒙牛集团总裁和我区吴忠市义明黄沙窝奶牛养殖专业合作社理事长吴义明同志分别作了大会发言。宁夏、河北、内蒙古、黑龙江等10个奶业主产省(自治区)政府分管负责同志、各省(市、自治区)农业(畜牧)部门主要负责同志和奶业(畜牧)处长,国家发展改革委、教育部、工业和信息化部、财政部、商务部、卫生健康委、海关总署、市场监管总局、银保监会负责同志及同期参加2018年中国奶业20强（D20）峰会的有关代表等200余人参加了会议。自治区党委常委、政府副主席马顺清同志，农牧厅王文宇同志，利通区、贺兰县政府主要负责同志和吴忠市义明黄沙窝奶牛养殖专业合作社吴义明同志参加了会议。

11月

贺兰中地牧场生态有限公司被评选为国家奶牛核心育种场。

12月

14日，吴忠市奶牛养殖业协会成立。会议审议通过了协会章程和选举办法，选举产生了第一届吴忠市奶牛养殖业协会理事会、监事会、会长、副会长、秘书长。

【2017年】

3月

由宁夏奶业协会组织，美国杜邦公司主办玉米青贮研讨会。会议对玉米青贮的种子选择，种植管理、收贮加工、品质检测及饲喂技术等都进行了详细的讲解和讨论。

4月

由宁夏草业协会和奶业协会共同举办宁夏第四届草业大会。邀请国内著名草业教授、专家，对牧草的种植与收获进行讲解和讨论。

19日，宁夏畜牧工作站联合宁夏博瑞奶牛技术（吴忠）服务站，在银川举办"奶牛精准营养暨节本增效技术培训班"。分别从奶牛高效精准营养调控、牧场智能管理、牛群营养管理等方面进行了深入讲解和交流。

5月

宁夏畜牧工作站向《领航中国》投稿《黄金奶源地产出黄金效益》，向自治区党委党史办报送《中国奶业优质安全发展的一面旗帜——宁夏奶业转型升级成效显著》。

8月

3—4日，自治区畜牧工作站"优质高产奶牛选育"项目组主办"优质高产奶牛选育"培训班。分别从奶牛群体遗传改良、基因组选择、选种选配、繁殖管理与繁殖障碍防控、信息化管理与物联网技术应用等方面介绍了国际相关领域的前沿知识和科技成果，并结合我区奶业实际问题进行了详细阐述和广泛交流。

9月

27—28日，中国奶业协会、宁夏奶业协会和自治区畜牧工作站联合主办了"2017年全国奶牛生产性能测定（DHI）及现代化牧场管理宁夏培训班"，培训内容涉及奶牛乳房炎和口蹄疫的防治、奶牛营养与高效日粮配置、优质粗饲料评价、加强维护措施提高设备效能以及DHI报告解读及数据应用，并就牧场实际中存在的生产及管理问题进行了详细交流。

10 月

16—17 日，中国农业科学院和自治区农牧厅在银川联合举办"奶牛绿色提质增效技术集成创新项目暨宁夏奶牛养殖节本增效科技示范项目现场观摩会"，现场观摩了贺兰中地生态牧场，总结交流了奶牛绿色提质（节本）增效技术集成创新和示范成果。

11 月

16 日，宁夏奶业协会和北京亚太兴牧有限公司联合举办"奶牛高效健康养殖"培训班。

12 月

18 日，完成《奶牛同期排卵定时输精技术规程》《奶牛性控胚胎移植技术规程》《奶牛选种选配技术规范》《牛奶体细胞控制技术规程》四项地方标准，并报自治区质量技术监督局报批。

完成吴忠市奶牛社会化综合服务示范站建设项目。宁夏博瑞饲料有限公司通过竞争性磋商中标"吴忠市奶牛社会化综合服务示范站建设项目"。示范站成立了利通区奶产业专家服务团队，对 19 家奶牛养殖场进行对标管理，养殖效益明显提高，辖区内养殖场奶牛成母牛单产达到 8.5~9.0 吨。完成利通区奶产业社会化综合服务示范站建设项目，依托金银滩优质奶牛核心区专家大院，成立了利通区奶产业社会化综合服务中心，服务于以吴忠市为核心的 28 个奶牛场，辐射带动牧场 22 个，覆盖奶牛 75 000 头。

【2016 年】

1 月

2—10 日，宁夏奶业协会组织考察了宁夏"牛奶外运""北奶南运"市场行情，前往四川、云南、贵州等地了解新希望、贵州三联等乳品加工企业生鲜牛奶需求情况。

21—22 日，宁夏奶业协会联合贺兰山奶业集举办了"奶牛健康养殖节本增效技术培训班"，聘请区内外奶业知名专家授课。

2 月

25 日，"关于奶牛生产性能测定（DHI）大数据引领我国奶业创新驱动转型发展的建议"研讨会在中国工程院召开。此次研讨会上自治区畜牧工作站研究员温万代表宁夏做了经验交流发言，向与会人员介绍了宁夏 DHI 工作开展情况和主要做法，并提出了相关建议。

3 月

3 日，创建了宁夏奶业协会微信平台，吸引区内知名专家、教授、行家里手参与互动，提供产业相关信息、技术、销售等方面的服务。

22 日，由自治区畜牧站主持实施的宁夏重大育种专项"优质高产奶牛选育"项目，顺利通过了宁夏科技厅组织的项目中期评估。

30 日，与黑龙江奶业协会合作，在贺兰山奶业公司举办奶牛场场长交流座谈会。

4月

7—10日，宁夏奶业协会到蒙牛、伊利等乳品企业和吴忠部分奶牛养殖场调研，为自治区奶产业发展规划编制提供意见建议。

5月

28—29日，英国Cogent公司国际销售及运营总监Stuart Boothman来宁夏考察了宁夏汇丰源牧业股份有限公司、宁夏俊华月牙湖农牧科技股份有限公司及宁夏农垦贺兰山奶业有限公司等奶牛规模养殖场。同期在自治区畜牧站举行了奶牛育种技术专题交流座谈，畜牧站及部分规模奶牛场技术人员共30余人参加了座谈交流。

6月

23—24日，中国（宁夏）奶业转型升级研讨会暨婴幼儿配方奶粉研发中心揭牌仪式在银川召开。农业部副部长于康震、自治区政府副主席曾一春出席会议。会议宣布成立"中国（宁夏）婴幼儿配方奶粉研发中心"，于康震副部长、曾一春副主席共同为中国（宁夏）婴幼儿配方奶粉研发中心揭牌，并为研发中心聘任的中国农业大学教授、奶牛体系首席科学家李胜利等5名专家颁发聘书。与会代表围绕"优质奶源、精品高端"两个目标，就如何推进宁夏奶业转型升级的战略性思路和措施、婴幼儿配方奶粉等精深加工产品主攻方向等展开研讨。参加会议的有工信部、农业部畜牧业司、中国农业科学院、全国畜牧总站、中国奶业协会等部门负责人；

农业部、中国农业大学、中国社会科学院、中国农业科学院、山东农业科学院、中爱奶业科学技术中心、首农集团三元乳业等奶业行业专家和国内大型乳品加工企业及电商代表。自治区党委宣传部、农办、宁夏发改委、经信委、科技厅、财政厅、商务厅等相关部门负责人；宁夏五市和灌区县（区）政府主管领导、农牧局负责人；宁夏奶业协会、宁夏乳制品工业协会负责人及宁夏奶业生产、加工企业负责人等100余人。

7月

3—5日，农业部评审专家组对我站奶牛生产性能测定（DHI）实验室进行现场评审。本次评审由全国畜牧总站奶业处刘海良处长带队，天津奶牛发展中心田雨泽高级畜牧师等5位国内奶牛DHI知名专家参加了评审。

8月

1—3日，自治区畜牧工作站组织20余名技术骨干参加了在北京召开的"2016第四届中美牧场管理交流峰会"。

9月

26日，中国工程院庞国芳院士、中国农业大学任发政教授等一行4人，在农牧厅党组成员杨金龙的陪同下，对宁夏奶牛DHI测定技术工作开展情况进行考察调研。

10月

24—26日，由美国明尼苏达大学主办、中国农业国际合作促进会和美国乳腺炎委员会合办的"第三届中国奶牛业大会暨2016世界奶牛产业博览会"在银川国际会堂举办。会议为奶牛养殖者提供高端行业咨询，内容涵盖奶牛乳房保健、繁殖技术和管理、围产期管理、犊牛饲养管理新理念、奶牛场盈利能力和可持续发展等内容。

11月

3日，由宁夏畜牧工作站承建，在吴忠市实施的"宁夏奶牛DHI测定中心扩建（吴忠）项目"暨宁夏奶牛DHI（吴忠）中心全面完成实验室改造、附属设备安装及人员培训工作，正式建成并进入试运行阶段。项目正常运行后，宁夏DHI测定能力将由目前的3万头/年提高到6万头/年，标志着全区DHI测定能力又上了一个新台阶。

12月

为突破制约宁夏奶产业发展的瓶颈，加快推进产业转型升级，率先实现奶产业现代化，根据自治区党委、人民政府《关于加快农业现代化实现全面小康目标的意见》（宁党发〔2016〕1号）精神，制定了《加快推进奶产业现代化建设主攻方向的方案》。

【2015年】

1月

宁夏奶业协会第二届理事会补选，并召开奶业生产形势座谈会。在此次会议上，根据国家关于行业协会与行政事业单位脱钩的有关要求，免去了原秘书长、副秘书长及37位常务理事，补选张志前为副会长、宁小波为秘书长及37位新常务理事。

8月

7—9日，由中国奶业协会、宁夏回族自治区畜牧工作站、宁夏奶业协会、中国农业科学院北京畜牧兽医研究所共同主办的"2015年国际奶牛新技术大会"在宁夏银川召开。大会围绕牧场高效管理及奶牛人论坛、犊牛培育与管理、粗饲料质量管理、奶牛营养与健康四个专题，举办了25场专题讲座，并与牧场技术人员进行了深入的探讨。来自全国奶牛养殖场、乳品加工企业、大专院校、科研院所负责人和科技人员近600人参加了大会。中国奶业协会信息网、中国奶业信息网、《中国畜牧兽医》、奶源网、爱畜牧、乳业资讯网、中国养殖网等多家媒体报道了本次会议。

【2014年】

12月

2日，中国奶业协会2014年第二批拟核准注册中国学生饮用奶生产企业名单，宁夏夏进乳业集团股份有限公司是宁夏唯一一家学生奶用奶生产企业。

【2013年】

2月

28日至3月8日，自治区动物疾病预防控制中心对全区除西吉、彭阳、隆德、泾源、同心县外的17个县（市、区）48个奶牛场采集血清样品3 175份，进行口蹄疫免疫抗体监测，O型、亚洲Ⅰ型、A型合格率分别为90.7%、82.35%和76.68%；非结构蛋白抗体阳性率56.9%。

3月

28—29日，自治区动物疾病预防控制中心在利通区5个奶牛养殖场开展了口蹄疫血清学和病原学监测。采集血清样品101份，病原学样品8份。奶牛O型、亚洲Ⅰ型、A型口蹄疫免疫抗体合格率分别为100%、96.04%和98.02%；感染抗体阳性率91.09%；病原学样品O-P液Rt-PCR检测结果均为阴性。

4月

15—16日，河南省畜牧局奶业管理办公室一行7人来我区开展奶业发展情况调研，召开了座谈会，针对开展奶牛品种登记、选种选配、生产性能测定工作中存在的问题进行了讨论和交流。

23日，自治区农牧厅在利通区召开"奶牛疫病防控座谈会"。周生俊副巡视员及孙国斌、张和平、何生虎、温万、贺亚雄等30多人参加会议，张和平主持会议。

5月

22日，自治区防治重大动物疫病指挥部办公室转发了中卫市政府《沙坡头区鸡疫病防控管理办法》和利通区政府《利通区奶牛疫病防治管理办法》。

8月

3日，由中国奶业协会、全国畜牧总站主办，宁夏畜牧工作站承办的全国奶牛养殖技术专题——生产性能测定（宁夏）培训班在银川召开。中国奶业协会副会长兼秘书长谷继承、宁夏农牧厅首席兽医师晁向阳、全国畜牧总站奶业与畜产品加工处处长刘海良以及中国奶业协会、农牧厅相关领导等出席了开班仪式。来自区内各市县畜牧中心（站）和奶牛场的技术人员150余人参加了培训。

12月

20日上午，宁夏奶业协会第二届会员代表大会在银川召开。会议选举产生了由143名理事组成的新一届理事会，选举毛荣业为第二届理事会会长，罗晓瑜、宁小波等12人为副会长，罗晓瑜兼任秘书长，副秘书长由温万、洪龙和周吉清担任。

【2012年】

2月

10日，由自治区动物疾病预防控制中心主持完成的自治区科技攻关项目国际合作专项"奶牛乳房炎检测防治与代谢检测技术研究"验收会在银川召开，并通过自治区级验收。自治区科技厅组织并主持会议。

3月

12日，自治区农牧厅召开"宁夏奶牛'两病'防控净化工作实施意见"讨论会。自治区农牧厅、卫生厅、宁夏大学、吴忠市和银川市有关领导和专家应邀参加会议。孙国斌主持会议。

27日，自治区农牧厅印发《关于提请自治区人民政府印发〈宁夏回族自治区奶牛布鲁氏菌病和结核病控制净化的实施意见〉的请示》，并报自治区人民政府。

【2011年】

5月

1日，蒙牛乳业（银川）有限公司正式投产运营，成为宁夏乳业发展中的一支新生"主力军"。

6月

宁夏伊利乳业有限责任公司在吴忠市金积工业园区落户，从零起步。

【2010年】

3月

21日，中共中央总书记胡锦涛视察宁夏塞上阳光牧场，听取了牧场负责人关于牧场奶牛养殖、公司加农户经营模式、疫病防控等方面的情况汇报。自治区赵永彪厅长参加陪同，孙国斌、罗晓瑜进入牧场。

4月

针对目前全国口蹄疫防控形势的严峻形势，按照农业部文件精神，宁夏要求各市县继续执行奶牛和种牛暂停调运措施，防止流通环节传播疫情。

6月

3日，自治区防治重大动物疫病指挥部办公室印发《关于切实强化牲畜口蹄疫防控工作的通知》，明确规定，即日起全面开放全区仔猪交易市场，恢复奶牛和种牛正常调运（从2010年2月起禁止奶牛和种牛调运）。

7月

15日，银川市出台《关于进一步加快奶产业发展的若干意见》，从增强龙头企业带动能力、加快优质奶源基地建设、加强奶牛良种繁育和疫病防治、全面开展生鲜乳质量检测、规范生鲜乳购销秩序、建立生鲜乳价格调控机制、完善奶产业协会协调服务机制、强化奶产业人才队伍建设8个方面支持奶产业发展。

27日，蒙牛乳业（银川）有限公司正式成立，位于宁夏回族自治区首府西夏区经济开发区宝湖西路550号，塞上江南，鱼米之乡兼奶源黄金地带。工厂总占地196.8亩，注册资本17 000万元。经营范围包括乳制品（液体乳、灭菌乳、调制乳、发酵乳、巴氏杀菌乳）、饮料（蛋白饮料类、其他饮料类）、冷冻饮品（冰激凌、雪糕、雪泥、冰棍）的生产、销售等。

8月

22日，中国乳制品工业协会第十六次年会在宁夏银川市召开，中国乳制品工业协会理事长宋昆冈表示，必须实施行业升级改造，提升行业素质，才能使乳制品行业走上科学发展道路，大力发展自有奶源，消除行业"恶名"。

11月

14—15日，自治区农牧厅兽医局和自治区动物疾病预防控制中心联合举办了"全区动物防疫工作现场观摩会"。实地观摩了平罗县通伏乡兽医站、通伏乡五香村防疫室、金福来养殖合作社动物防疫，青铜峡市叶盛镇兽医站、青铜峡市兽医实验室、防疫物资储备库，永宁县蓝天奶牛养殖专业合作社动物防疫、永宁县兽医实验室、防疫物资储备库。平罗县、永宁县、青铜峡市动物疾控中心主任作了交流发言。

12月

31日，由宁夏大学王玉炯主持完成的自治区科技攻关项目"牛羊三种重要传染病基因工程苗及免疫特性研究"和"奶牛结核病病原分子流行病学研究"，在银川通过由自治区科技厅组织并主持的自治区级验收。

【2009年】

2月

4日，吴忠市人民政府办公室印发了《吴忠市乳品质量安全监督管理办法》。

23—27日，自治区动物疾病预防控制中心组织在全区22个县（市、区）开展奶牛、黄牛、羊、猪A型口蹄疫抗体监测，共监测2 550份样品，除奶牛检出11份阳性样品，阳性率0.73%（11/1 500）外，黄牛、羊、猪均为阴性。

3月

2日，自治区人民政府副主席郝林海听取自治区农牧厅厅长赵永彪关于全区奶牛布鲁氏菌病和结核病防控工作的情况汇报，农牧厅兽医局局长孙国斌关于全区A型口蹄疫防控工作的情况汇报，对奶牛布鲁氏菌病、结核病和A型口蹄疫防控工作做了明确指示，并在农牧厅呈报的《关于当前A型口蹄疫形势与我区应对情况的报告》上作出批示。

10日，中宁县双井子奶牛园区奶牛发生布鲁氏菌病疫情，扑杀病牛及阳性牛444头。

20日，自治区动物疾病预防控制中心组织在全区22个县（市、区）开展奶牛、黄牛、羊、猪A型口蹄疫抗体监测，共监测血清样品4 283份，检出奶牛阳性样品12份，黄牛、羊、猪均为阴性。

27日，平罗县头闸镇福兴奶牛园区3户奶牛养殖户饲养的奶牛检出布鲁氏菌病阳性牛18头，结核阳性牛1头，全部扑杀并做无害化处理。

4月

14—15日，根据农业部兽医局安排，由中国兽医药品监察所、兰州兽医研究所、宁夏动物疾病预防控制中心联合，在宁夏四正生物工程研究中心奶牛场进行A型口蹄疫疫苗免疫安全性试验，免疫1 000头，没有发生任何不良反应。

5月

11—25日，自治区农牧厅组织在全区22个县市区开展2009年奶牛春季重大动物疫病防控集中监测工作。共采集鸡血清样品1 320份，咽喉/腔棉拭子样品1 950份，牛、羊、猪血清样品各660份，猪鼻拭子样品660份。免疫抗体监测结果牛、羊、猪O型口蹄疫合格率分别为90.9%、81.2%、80.6%；牛、羊亚洲I型口蹄疫合格率分别为91.7%、84.9%；鸡H5亚型禽流感合格率91.5%；猪瘟、鸡新城疫合格率均为92.9%。病原学监测结果，高致病性禽流感、高致病性猪蓝耳病、猪甲型H1N1流感、A型口蹄疫均为阴性；牛、羊、猪口蹄疫阳性率分别为6.06%、0.16%、3.03%。

6月

19日，宁夏奶牛电子标识试点工作在平吉堡奶牛场启动，100头奶牛戴上电子耳标。试点工作由自治区农牧厅兽医局组织。晁向阳、孙国斌、张金凤、武占银、沙湧波、宁晓波、郝峰、陈华、周吉青、魏纯学等在现场参加了启动仪式。

9月

30日，自治区人大常务委员会修订了《宁夏回族自治区奶产业发展条例》，同日实施。

【2008年】

1月

1日，《宁夏回族自治区奶产业发展条例》正式实施。

1日，《宁夏奶业管理办法》正式颁布实施，为我区原料奶收购市场的规范创造了良好的法治环境。

10日，自治区农牧厅召开专题会议，讨论《关于全区奶牛布鲁氏菌病和结核病净化的若干意见》，孙国斌主持会议。

17日，自治区农牧厅召开专题会议，讨论《宁夏回族自治区奶牛布鲁氏菌病和结核病净化规划》，孙国斌主持会议。

银川市、吴忠市等8个县（区）启动实施了国家《奶牛良种补贴》项目。

2月

19日，银川市兴庆区大新镇新渠稍村一奶牛养殖户饲养的奶牛发生炭疽疫情，扑杀病牛及同群血检阳性牛8头。

3月

14日，自治区人民政府参事室召开"奶牛两病防治座谈会"，就当前全区奶牛养殖中"两病"（布鲁氏菌病、结核病）的现状与防治问题进行了座谈。参事室副主任马福成主持会议，政府参事崔永庆、袁凤林、马利华、张维智及农牧厅周东宁、孙国斌、杨春生、张和平等参加会议。

4月

2—3日，自治区农牧厅调研组在银川市、吴忠市调研奶牛"两病"防控工作，征求对《关于全区奶牛布鲁氏菌病和结核病净化的若干意见》和《宁夏回族自治区奶牛布鲁氏菌病和结核病净化规划》的意见和建议。孙国斌、杨春生、张和平、张金凤等参加调研。

21—22日，国家首席兽医师贾幼陵在彭阳县、利通区调研动物防疫工作，实地考察了彭阳县古城镇任河村肉牛养殖合作社、利通区金银滩奶牛核心区疾病诊疗中心等。

5月

5日，中宁县新堡镇奶牛园区发生奶牛布鲁氏菌病疫情，扑杀病牛及血检阳性牛189头。

8月

6日，自治区农牧厅党组扩大会议，研究并原则通过了《关于宁夏奶牛布鲁氏菌病和结核病净化若干意见》和《宁夏回族自治区奶牛布鲁氏菌病和结核病净化工作规划》。党组书记赵永彪主持会议。

8日，自治区人民政府副主席郝林海听取自治区农牧厅厅长赵永彪关于宁夏奶牛布鲁氏菌病和结核病净化若干意见、净化工作规划的情况汇报。马明、张柱、周东宁副厅长及韩学仁、王宝庄、孙国斌陪同汇报。

28日，自治区农牧厅印发《关于申请自治区人民政府印发〈关于全区奶牛布鲁氏菌病和结核病净化若干意见〉和〈宁夏回族自治区奶牛布鲁氏菌病和结核病净化工作规划〉的请示》（宁农<医>发〔2008〕376号），报送自治区人民政府。

【2007年】

6月

2日，日本北海道农业共济联合会大家畜保健研究所原所长安里章博士一行3人到达宁夏，在宁夏进行为期1个月的奶牛乳房炎防治指导交流活动。

27日，自治区动物疾病预防控制中心举办奶牛乳房炎防治技术讲座，日本北海道农业共济联合会大家畜保健研究所原所长安里章博士主讲奶牛乳房炎防治技术。有50多人参加听讲。

9月

10日,自治区农牧厅向自治区人民政府报送《关于净化我区奶牛"两病"的报告》。

21日,自治区党委副书记于革胜在自治区农牧厅调研。自治区农牧厅兽医处孙国斌汇报了全区动物防疫情况,重点汇报高致病性猪蓝耳病和奶牛布鲁氏菌病、结核病防控情况。

10月

宁夏红果乳业有限公司2 000件/50吨全脂淡乳粉顺利进入我国台湾市场,是宁夏奶粉首次进入我国台湾市场。

11月

9日,宁夏回族自治区人大常务委员会第三十一次会议审议通过了《宁夏回族自治区奶产业发展条例》。

【2006年】

2月

2日,国家食品药品监督管理总局通告2015年10—12月抽检中,宁夏红果乳业有限公司生产的金装三能婴儿配方乳粉(1段)检出阪崎肠杆菌、维生素C不符合食品安全国家标准、存在食品安全风险。

在8个县(区)启动了国家《奶牛良种补贴》项目,5年间自治区财政累计补贴2 254万元,统一筛选引进国内外优质荷斯坦牛冻精120余万支,累计改良奶牛61.6万头,完成奶牛统一建档立卡和佩戴耳标29.8万头,占存栏总数的92.9%,实现奶牛谱系资料计算机管理24万头,占存栏总数的74.9%。

6月

1日,自治区人民政府参事室召开"两病防治座谈会",主要座谈讨论奶牛布鲁氏菌病、结核病的防治问题。参事室副主任马福成主持会议,袁凤林、刘正语、张维智、马利华等4位参事,自治区农牧厅孙国斌、张和平、李晓梅、李昕和银川市畜牧兽医站付少刚参加座谈会。

【2005年】

宁夏启动实施了"奶牛出户入园工程",示范和带动了分散户养向集中规模化养殖模式的转变。全区存栏奶牛50头以上的养殖园区和规模养殖场324个,奶牛存栏13.4万头,占全区奶牛存栏总数的41.9%。机械化挤奶站(厅)累计达到466个,机械化挤奶辐射奶牛占泌乳奶牛的65%以上。

6月

1日,银川市人民政府第30次常务会议审议通过了《银川市生鲜牛奶管理暂行办法》,自2005年6月1日起执行。

【2004年】

自治区农牧厅、工商局和质量技术监督局联合制定了

《宁夏回族自治区生鲜牛奶收购质量监督管理办法》，对原料奶的生产、加工、运输和销售各环节监管做了明确规范，各地相应成立了联合执法大队，科学设置原料奶收购市场准入条件，规范原料奶收购秩序，严厉打击无证经营、掺假使假、恶意竞争等不法行为，初步建立了运行规范、收购畅通的市场秩序。

6月

宁夏乳制品工业协会成立。

【2003年】

12月

自治区党委、政府制定了《宁夏优势特色农产品区域布局及发展规划》，在"牛奶优势区域布局及发展规划"中明确，到2006年，全区奶牛存栏达到25万头，年增长22.8%；鲜奶产量达到85万吨，年均增长23.7%；成年母牛单产达到5800千克以上，力争大部分奶牛进入养殖园区和规模奶牛养殖场，机械挤奶普及率和青贮饲料入户率达80%以上。

5月

13日，自治区农牧厅印发《关于在全区奶牛养殖户推行结核病和布鲁氏菌病健康合格证制度的通知》（宁农<医>发〔2003〕153号），规定从2003年7月1日起在全区奶牛养殖场户推行结核病和布鲁氏菌病健康合格证制度。

28日，自治区农牧厅在银川召开"全区奶牛结核病、布鲁氏菌病防治工作会议",李志仁副厅长、郭秉晨总农艺师、袁建湘厅长助理出席会议。郭秉晨总农艺师主持会议,李志仁副厅长讲话。

【2002年】

自治区开始实施"宁夏奶牛品种改良"项目。

6月

26日,自治区人民政府印发《宁夏奶产业发展行动计划(2002—2005)》(宁政发〔2002〕51号),明确了发展目标、建设的主要内容、扶持政策措施。

【2001年】

10月

25日,"宁夏奶牛协会"更名为"宁夏奶业协会",自治区农牧厅厅长高万里当选宁夏奶业协会第一届理事会会长,自治区农牧厅副厅长李志仁、农垦局副局长何宗先等12人为副会长,自治区农牧厅畜牧局局长虞景龙为副会长兼秘书长,副秘书长由罗晓瑜、温万担任。

12月

31日,全区共存栏荷斯坦奶牛8.93万头,其中成母牛5.8万头,占存栏总数的64.9%,鲜奶总产量28.1万吨,商品奶26.1万吨,商品率92.8%。个体奶牛养殖户的牛只存栏数和产奶量分别占全区总数的92.4%和92.3%。全区成母牛年均单产 5 118 千克，比上年增加 196.8 千克，达历史最高水平。

【2000 年】

3 月

29 日，由宁夏畜牧兽医研究所主持完成的"家畜衣原体单克隆抗体诊断试剂的研究"和"奶牛衣原体灭活苗的研制及应用"成果，通过了自治区级鉴定。

【1999 年】

2 月

26 日，由自治区农林科学院畜牧兽医研究所等单位完成的"牛地方性氟病的发病机理和防治对策研究"，通过由自治区科委组织，自治区农林科学院主持的自治区级成果鉴定。

4 月

17 日，由宁夏兽医工作站等单位完成的"宁夏牛'猝死症'病因及综合防治研究"，通过由自治区科委组织，自治区畜牧局主持的自治区级成果鉴定。

10 月

27 日，自治区人民政府对1999年度42项兽医科技成果颁发"宁夏科技进步奖"，其中由宁夏农学院等单位完成的"幼畜腹泻双价基因工程苗的研制"获一等奖；由宁夏兽医工作站等单位完成的"宁夏牛'猝死症'病因及综合防治研究"、自治区农林科学院畜牧兽医研究所等单位完成的"牛地方性氟中毒的发病机理和防治对策研究"、自治区农林科学院畜牧兽医研究所完成的"牛环形泰勒焦虫裂殖体胶冻细胞苗的推广应用"获三等奖。

【1998年】

3月

制定了《1998—2002年农业产业化发展规划纲要》，纲要中把奶牛作为宁夏农业产业化中一项优势支柱产业，确定了目标，明确了任务，提出了具体措施，有计划、有步骤大力发展。

7日，由自治区农林科学院畜牧兽医研究所等单位完成的《奶牛某些重要微量元素缺乏症的调查及防治方法研究》，通过由自治区科委组织、自治区畜牧局主持的自治区级成果鉴定。

6月

宁夏回族自治区党委、政府又进一步做出了加快农业产业结构调整，重点发展奶牛产业的决定，并制定下发了《宁夏奶产业发展行动计划（2002—2005）》，明确到2005年，全区奶牛存栏达到18万头（其中成年母牛12万头），平均增长19.25%；成年母牛平均鲜奶总量达到60万吨，平均递增21.4%；产量达到6 000千克以上；液态奶生产量突破40万吨，占全区奶产量的60%以上。

宁夏牛胚胎生物工程中心自1997年立项后，仅用了一年半时间，总投资1 151万元，用于土建和购置仪器设备，现已完成综合实验楼、胚胎和冷冻精液生产车间、种公牛和供体母牛舍等土建工程480平方米，进口了配套齐全、世界先进的仪器设备。同时，拥有500头荷斯坦奶牛受体，已初步具备开展细胞工程和基因工程的基础条件。

9月

12日，自治区人民政府对1997—1998年度8项兽医科技成果颁发"宁夏科技进步奖"，其中由自治区农林科学院畜牧兽医研究所等单位完成的"奶牛某些重要微量元素缺乏症的调查及防治方法研究"获三等奖。

11月

15日，由吴忠市宁兰垦牧有限公司完成的"锗132与硒锌铜对奶牛绵羊主要可抗氧化系统功能影响的研究"，通过由自治区科委组织并主持的自治区级成果鉴定。

【1997年】

1月

由自治区人口和计划生育委员会立项，自治区畜牧局筹建成立了第一家集科研、开发、推广为一体的"宁夏牛胚胎生物工程中心"主要依托单位为宁夏四正生物工程技术研究中心（有限公司），采取"农科教"结合的运行机制，集中有限的人、财、物，以此推动畜牧业和高新生物技术产业化发展。

【1996年】

10月

宁夏四正生物工程技术研究中心在宁夏家畜改良站基础上,扩建成立的一家集奶、肉牛良种繁育、生物工程技术研究开发和推广服务为一体的高科技研发机构。中心交通方便,距银川市区17公里,占地40公顷。建有现代标准化种公牛、种奶牛舍15栋,奶牛采用TMR饲喂技术、信息化管理;综合实验大楼2 400平方米,采精、采胚及冻精和胚胎生产实验室600平方米;设有基因工程室、酶工程实验室、细胞生物学实验室、天然生物产品分离室、生物产品制备室和微生物研究室等;具有国内外先进仪器设备。

【1992年】

8月

10日,自治区人民政府对1991—1992年度全区6项兽医优秀科技成果颁发"宁夏回族自治区科技进步奖",其中二等奖2项、三等奖4项;1项兽医优秀科技成果颁发"宁夏回族自治区星火奖"二等奖,即:奶牛乳房炎综合预防措施示范推广(星火二等奖)。

9月

宁夏夏进乳业有限公司正式成立,公司位于利通区经济工业园区。

【1989 年】

10 月

13—15 日，丹麦奶制品承包公司的科学博士林彦森、李伯森来银川，在宁夏农业科学研究所畜牧兽医研究所进行"胚胎移植和牧牛管理"科技交流活动。

【1988 年】

12 月

10 日，自治区人民政府对 1987—1988 年度全区 11 项兽医优秀科技成果颁发"宁夏回族自治区科技进步奖"，其中二等奖 1 项、三等奖 4 项、四等奖 6 项，即奶牛乳房炎综合预防措施的研究（获三等奖）。

【1987 年】

6 月

29 日，根据农牧渔业部《关于开展进口活畜疫病普查的通知》〔(86) 农（牧）字第 51 号〕文件要求，自治区动物检疫站共抽查 84 头进口牛，发现牛传染性鼻气管炎（IBR）阳性牛 1 头、黏膜病（BVD）6 头、布鲁氏菌病阳性牛 12 头、结核病阳性牛 5 头。

【1986 年】

8 月

14 日，为净化布鲁氏菌病、结核病，自治区兽医站对全区奶牛进行了检疫，检疫布鲁氏菌病 6 417 头，占实有奶牛的 86.25%，检出阳性 46 头，其中 3 头出菌；检疫结核病 6 285 头，占实有奶牛的 84.48%，检出阳性 49 头，对阳性病牛全部进行了宰杀处理。

12 月

19 日，自治区人民政府对 1985—1986 年度全区 7 项兽医优秀科技成果颁发"宁夏回族自治区科技进步奖"，其中二等奖 2 项、三等奖 3 项、四等奖 2 项，即牛瑟氏泰勒焦虫病防治方法的研究（二等奖）。

【1983 年】

4 月

宁夏奶牛协会正式成立，第一届理事长由宁夏回族自治区农牧厅党组成员、顾问周凤禄担任；副理事长分别是赵玉琪、严纪彤、华世坚；秘书长路勤道。会员有行业行政主管部门、科研院校及奶牛养殖单位和个人。

5 月

12 日，农牧渔业部发出关于颁发《兽药检验所工作细则（试行）》的通知［（83）农（牧）字医志第 88 号］。

14日，启用"宁夏回族自治区防治牲畜五号病指挥部"和"宁夏回族自治区防治牲畜五号病指挥部办公室"印章。

8月

23日，自治区人民政府对1981—1982年度全区6项兽医优秀科技成果颁发"宁夏回族自治区科技进步奖"，其中电针治疗奶牛持久黄体性不孕症的研究（获三等奖）。

12月

自治区人民政府对1983—1984年度全区8项兽医优秀科技成果颁发"宁夏回族自治区科技进步奖"其中，牛环形泰勒焦虫裂殖体胶冻细胞（弱性虫苗）生产工艺中间试验荣获一等奖。

荷兰畜牧兽医代表团来宁夏访问，参观盐池草原、平吉堡奶牛场和宁夏农业科学研究所畜牧兽医研究所，并与宁夏30多位兽医科技人员座谈。

【1979年】

宁夏消灭了牛口蹄疫。

1月

21日，自治区党委副书记薛宏福主持召开了由畜牧局、商业厅等有关单位领导参加的"防治口蹄疫会议"，成立了防治牲畜口蹄疫领导小组，周凤禄任组长。

赵玉琪等提出"加强诊断、检疫和分离、分期、分片停止预防注射，重新划定疫区，制定每种疫病的免疫程序和控制、消灭的验收标准，逐个消灭之"的畜禽防疫改革设想。

2月

2日，宁夏畜牧兽医学会恢复成立。周凤禄、金荣耀等8人在宁夏畜牧兽医学会第二届会议上当选为理事和常务理事。

7—8月

宁夏畜牧兽医学会组织宁夏畜牧局、宁夏农学院兽医科技人员组成讲师团赴固原地区各县巡回讲授兽医科普知识，听讲者达300余人。

【1969年】

宁夏红果乳业有限公司成立于1969年，位于有"塞上江南"之称的宁夏吴忠市、"中国西部乳都"优质奶牛核心区金银滩镇，是宁夏乳制品生产骨干企业。经过40多年的努力，生产规模不断扩大，2006年下半年处理鲜奶5万吨左右。

参考文献

刘成果,2013.《中国奶业史》[M].北京:中国农业出版社.

宁夏农垦志编辑委员会,1995.《宁夏农垦志》[M].银川:宁夏人民出版社.

宁夏兽医志编纂委员会,2016.《宁夏兽医志》[M].北京:中国农业出版社.

农业农村部畜牧兽医局,全国畜牧总站,1999—2013.《中国畜牧业统计》[M].北京:中国农业出版社.

农业农村部畜牧兽医局、全国畜牧总站,2010—2022.《中国畜牧兽医年鉴(2014—2022年)》[M].北京:中国农业出版社.

全国畜牧总站,2019—2022.《中国草业统计(2019—2022年)》[M]北京:中国农业出版社.

中国奶业年鉴编撰委员会,2010—2022.《中国奶业年鉴(2014—2022年)》[M].北京:中国农业出版社.